保育原理
―保育士と幼稚園教諭を志す人に―

乙訓 稔 監修
近喰晴子・松田純子 編

東信堂

監修の言葉

　我が国において少子化が語られて久しいが、少子化は現在も止まらず、国の近い将来の人口構成に伴う諸問題をはじめ国家社会のあらゆる領域で課題を投げ掛けている。子どもや若年者の減少は、国や社会のすべてに関わる問題であり、いわゆる国力や社会の活力として将来に亘る重大な問題であって、我が国も国を挙げて少子化対策を講じてきている。例えば、1990年代に子育て支援の施策として「エンゼルプラン」や「新エンゼルプラン」などが文部・厚生行政において進められてきたが、少子化の根本問題である出生率の低下は解消されず、2000年に入り政府は「少子化社会対策基本法」を制定して「子ども・子育て応援プラン」を策定してきた。そして、2014年に「子ども・子育て支援法」が法制化され、同支援法に基づいて全国の各自治体に「子ども・子育て支援会議」が設置され、筆者も住まう自治体の支援会議の会長として関わっているが、地域における子ども・子育ての具体的な支援の方策が責任主体である行政を中心に策定されている。

　このように、国をはじめ行政の関係部局挙げての「子育て」がまさに現在進行中なのであるけれども、そもそも子育ては古来より家族の本来的な機能であった。しかし、国家とりわけ近代統一国家の成立や社会構造の変化・発展に伴い、子育てから教育までが社会政策や公教育政策において専門・分化され、今日に至っているのである。我が国の今日の保育や幼児教育の状況は、いわば「待機児童」に典型なように十分ではなく、関係の機関や人々に期待が掛けられており、それも量的不足の解消から質的充実への要請も期待されているのであって、関係者一同はそのことを心に銘記し

て頂きたい。

　以上のような認識と責任意識のもとに、本書は2・3年前から「保育原理」や「幼児教育原理」と題された多くの書を参考にして企画され、また多くの執筆者の協力を得てようやく上梓された。従って、本書は「保育原理」論として極めて包括的な書であるとともに、保育の基本的な実際論を述べた書であり、保育士や幼稚園教諭を希望する人たちにとって必要な保育と教育の原理・原則的知見の涵養を企図している書と言ってよいであろう。どうか、本書を通じてその点の理解と知見の収得をお願いしたい。

　最後に、本書の出版を快く応じて下さった東信堂下田勝司社長と、編集校正に当たって頂いた同社の向井智央氏に、厚く御礼を申し上げる。

　2014年　春　　　　　　　　　　　　　　　　監修者　乙訓　稔

目　次

監修の言葉 …………………………………………………… 乙訓　稔　i

第1章　保育の意義 ……………………………………… 近喰　晴子　3

1. 保育の概念………………………………………………………………3
   保育とは　3
   保育と教育　5
2. 保育の理念………………………………………………………………8
   保育の社会的意義　8
   保護者との協働　10

第2章　保育所保育と幼稚園教育の基本 …… 松田　純子　13

1. 保育所保育指針の理解 ………………………………………………13
   養護と教育の一体性　14
   発達過程に応じた保育　16
2. 幼稚園教育要領の理解 ………………………………………………18
   環境を通して行う教育　18
   遊びを通しての総合的指導　20

第3章　子どもの心理発達——社会性の芽生えと獲得——
　　　　 ………………………………………… 塚原　拓馬　25

1. 愛着の発達………………………………………………………………25
   愛着の成分　25
   情緒的安全基地　26
   愛着と行動　28
2. 道徳性の発達 …………………………………………………………28
   他律的道徳と自律的道徳　29
   道徳性の発達変化　30
   性差や文化差　31

第4章　西洋の保育の思想と歴史　　　笹川　啓一　33

1. 西洋の保育思想の歴史　33
コメニウス（Comenius, J. A., 1592-1670）　34
ルソー（Rousseau, J.J., 1712-1778）　35
ペスタロッチ（Pestalozzi, J.H., 1746-1827）　36

2. 西洋の保育施設の歴史　37
オーベルラン（Oberlin, J.F., 1740-1826）　38
オーエン（Owen, R., 1771-1858）　38
フレーベル（Fröbel, F.W.A., 1782-1852）　39
モンテッソーリ（Montessori, M., 1870-1952）　41
マクミラン姉妹（Macmillan, R., 1859-1917 & Macmillan, M., 1860-1932）　42

第5章　日本の保育思想と保育施設の歴史　　　田中　正浩　45

1. 日本の保育思想　45
児童中心主義保育―倉橋惣三―　45
社会中心主義保育―城戸幡太郎―　47
フレーベルの形式主義批判―東基吉、和田実―　48

2. 保育施設の成立経緯と発展　48
我が国初の幼稚園―東京女子師範学校附属幼稚園―　48
その後の幼稚園　50
保育所の成立経緯　51

第6章　保育所と幼稚園の目的　　　酒井　幸子　53

はじめに　53

1. 保育所の目的と目標――保育所を理解しよう　54
保育所の目的――子どもの最善の利益を願って　54
保育所の目標――保育士等の共通理解のもとに　56

2. 幼稚園の目的と目標――幼稚園を理解しよう　57
幼稚園の目的――目的の変遷からみる　57
幼稚園の目標――幼稚園教育の目的実現のために　60

第7章　保育の内容　　　岡澤　陽子　63

1. 保育内容の総論 ……………………………… **岡澤 陽子** 63
    保育内容をとらえる　63
    幼稚園における保育内容　64
    保育所における保育内容　65
    保育内容の展開　66
    子どもの成長を支えるもの　69
2. 保育内容（健康）………………………………… **今井 康晴** 70
    幼稚園教育要領、保育所保育指針における「健康」　70
    保育者の援助　72
    食育の推進　75
3. 保育内容（人間関係）…………………………… **水野いずみ** 77
    保育内容（人間関係）とは　77
    保育所保育指針と「領域（人間関係）」：ねらいと内容　79
    幼稚園教育要領と「領域（人間関係）」：ねらいと内容　80
    保育内容（人間関係）に関する理論・研究　83
    保育内容（人間関係）に関する方法　85
    保育内容（人間関係）と保育の目標との関連性　87
4. 保育内容（環境）………………………… **中村陽一・秋山智美** 88
    領域「環境」の捉え方　88
    領域「環境」の対象　91
5. 保育内容（言葉）………………………………… **八木 浩雄** 97
    「言葉」の意味と役割　97
    「言葉」の獲得とその準備段階　99
    幼稚園教育要領・保育所保育指針の「言葉」の領域　101
    幼稚園教育要領「言葉」　101
    保育所保育指針「言葉」　102
    「言葉」を用いた活動例　103
6. 保育内容（表現）……………………………………………… 105
    音楽表現 ……………………………………… **長谷川恭子** 105
    造形表現 ……………………………………… **井口 眞美** 110
    身体表現 ……………………………………… **井上千枝子** 116

第8章　保育の計画 ………………………………… **土屋　由** 125
1. 保育における計画の意義 ……………………………………… 125

保育の計画の特性　125
　　　保育所保育指針・幼稚園教育要領における保育の計画　126
　　　保育における計画の必要性　127
　2．保育課程・教育課程の意味 …………………………………………… 128
　　　保育課程　128
　　　教育課程　131
　3．保育における指導計画の種類と役割 ………………………………… 133
　　　指導計画の種類　133
　　　長期計画と短期計画、それぞれの役割　133

第9章　保育の方法 ………………………………… 井口　眞美　137

　1．保育方法の原理 ………………………………………………………… 137
　　　乳児〜3歳未満児の保育　137
　　　3歳以上児の保育──主体的な活動の保障　138
　　　保育方法に関する5つの原理　138
　2．保育方法の実際 ………………………………………………………… 141
　　　保育方法の具体的実践　141
　　　好きな遊び　142
　　　クラスで取り組む活動　143
　　　集団における生活習慣の定着　144

第10章　保育者の職務 ……………………………… 今井　康晴　147

　1．保育士、幼稚園教諭の職務 …………………………………………… 147
　　　保育士の職務に関わる法規　147
　　　幼稚園教諭の職務に関わる法規　149
　2．保育者の職務の内容 …………………………………………………… 150
　　　出勤、ミーティング　150
　　　環境の調整、園児の登園　151
　　　片付け、クラスでの活動、遊び　151
　　　昼食準備・昼食　152
　　　クラスの活動、降園まで　152
　　　降園までから降園後、記録の作成・整理、ミーティング　153
　3．子育て支援としての職務 ……………………………………………… 153

保育所における子育て支援　154
　　幼稚園における子育て支援　154
　　保育所、幼稚園における子育て支援　155
　　直接的な子育て支援活動　155
　　地域社会資源の活用　156

第11章　今日の保育の問題と課題 …………… 159

1. 今日の保育環境 ………………………… 松田　純子　159
   　保育の環境　159
   　自然　160
   　物　161
   　人　162
   　時間と空間　164
   　社会と文化　165
2. 保育における養護対応 ………………… 高橋誠一郎　167
   　統合保育　167
   　虐待対応　169
3. 保幼小の連携 …………………………… 南雲　成二　171
   　保幼小連携の法的根拠　171
   　保幼小連携の実践における成果と課題　174
4. 今日の保育の問題と課題 ……………… 河井　延晃　178
   　保育における情報化の問題　178
   　保育環境とICTを取り巻く状況　179
   　媒介者（メディエーター）としての保育者の役割　180
   　メディア化する子育てと家庭・地域社会形骸化の問題　182
   　多様な保育サービス化の帰結と課題　184

執筆者一覧 ……………………………………………… 186
編著者紹介 ……………………………………………… 188

保育原理
――保育士と幼稚園教諭を志す人に

第1章　保育の意義

近喰　晴子

1. 保育の概念

保育とは

(1) 保育という用語のとらえかた

　「保育」という用語からイメージすることはどのようなことであろうか。まず「保育」の字源から考えてみる。藤堂明保著『漢字語源辞典』によると、「保」という字は、人を表す「イ」と子どもを手で包みかくす様子を示す「孚＝呆」から構成された会意文字であり、大人が子どもを抱いている姿を表す。また、「育」という字は「子」を逆さまにした「𠫓」と肉を表す「月」の会意文字であり、子どもが育つ様子を意味する。したがって、保育という言葉は幼い乳幼児を温かく抱いて保護しながら、慈しみ、健康な子どもに育てる営みと解釈することができる。

　保育という用語について山下俊郎は『保育学概説』で以下のように述べる。「保育という言葉は…年少であり幼いひよわな子供である幼児の教育を意味している。ところで幼児の教育は、なんといっても相手が幼弱な子どもである。言葉は同じく教育と言っても、その教育の内容や方法については、大きい子供たちを教育する場合とは大いに違った心遣いが必要である。…つまり幼児の教育においては、保護と教育が一体となって幼弱な子供を暖かく包んでやることが必要なのである。そこでこの意味あいから、幼児教育のことを保育と呼びならわす習慣ができたものと考えられる」と述べる。この記述からも「保育」は保護と教育の2つの側面を持っていることが分かる。

保育という用語は「哺育」から転じた用語であるともいえる。「哺育」は乳を与えて子どもを育てる、という意味を持ち、子どもを育てることはまさにこの行為から始まる。乳を与える母親の姿は「保育」の字源そのものの姿でもある。

　現在、保育という用語は日本だけに通用する用語ではなく、世界的にも乳幼児を育てる営みを保育と称する機会が多くなった。英語では「Early Childhood Care and Education」の呼称が「Early Childhood Education」より多く使われるようになった。また「Edu Care」という造語も生まれている。これらのことからも、よりいっそう保育という営みが保護育成を表した用語であることが理解できよう。

　一方、保育という用語は多様な意味合いをもっても使われる。家庭において母親が子どもを育てる「家庭保育」、幼稚園や保育所などの保育施設で子どもを育てる「施設保育」、児童館や学童保育所で行う「学童保育」、また、保育形態や保育方法を表す用語としても使用される。このように、保育という用語は保育を実践する場によっても、対象である子どもの年齢によっても、また、保育を行う形態や実践方法によっても多様な意味あいをもって使用されている。

(2) 保育の沿革

　保育という用語はいったいいつ頃から使われるようになったのであろうか。1876（明治9）年、日本で初めての幼稚園である東京女子師範学校附属幼稚園（現お茶の水女子大学附属幼稚園）が開園し、翌年の1877（明治10）年に「東京女子師範学校附属幼稚園規則」が定められた。この規則第7条に「園中ニ在テハ保姆小児保育ノ責ニ任ズ」とあり、また8条には「保育料」、第10条には「保育時間」など保育を使った表記が用いられている。当時より、幼稚園の営みは保育という認識されていたことがうかがえる。

　その後、「保育」は公式な用語として用いられるようになった。明治時代中期以降、幼稚園は全国に広がり、制度上の明確な位置づけを求める声が大きくなった。1899（明治32）年幼稚園に関する単独法令として「幼稚園保育及び設備規程」が文部省令として制定されここでも保育という用語が

使用された。同規程第1条には幼稚園は「満三年ヨリ小学校ニ就学スルマテの幼児ヲ保育スル所」と幼稚園の目的が記されている。このことからも幼稚園で行われる活動を保育と称していたことがわかる。

　戦後、新憲法のもとに1947（昭和22）年に学校教育法や児童福祉法等が制定され、幼稚園や保育所の制度も整えられた。幼稚園は学校教育法第77条に基づいた学校の一種で「幼稚園は幼児を保育し、適当な環境を与えて、その心身の発達を助長することを目的とする」施設とされた。これに対し保育所は、児童福祉法第39条に「保育所は、日日保護者の委託を受けて、保育に欠けるその乳児又は幼児を保育することを目的とする施設とする」と家庭保育の補完施設としての意味合いが示された。いずれにしても幼稚園や保育所保育の目的は乳幼児を保育する施設であることが明確にされたという事である。1956（昭和31）年、文部省（現文部科学省）より「幼稚園教育要領」が公示された。告示の背景には、幼稚園の学校化を図ろうとする文部省の思惑もあった。幼稚園を学校教育の一施設であると強調したため「保育」という用語より「教育」を使う機会が多くなった。しかし、保育という用語が一掃されたわけではなく、保育と教育が混在することになり幼稚園は用語の使い方をめぐって混乱を期した。

保育と教育
（1）保育と教育の意味
　冒頭において保育という営みについて解説をした。教育とはどのような行為を意味する用語であろうか。教育は教と育の二字から成り立っていて、「教」は施す、習う、学ぶ等の意味を持つ。一般的には教育は、「他人に対して意図的な働きかけを行うことによってその人間を望ましい方向へ変えていくこと。広義には、人間形成に作用するすべての精神的影響をいう。その活動が行われている場により、家庭教育、学校教育、社会教育に大別される。」（三省堂・大辞林）一方保育については「保護して育てること。幼児の心身の正常な発育を目的に行われる幼稚園、保育所、託児所などで行われる養護を含んだ教育作用。」（大辞林）と記されている。望ましい方向へ変えていく行為も、また保護して育てる行為も基本的には同じ人を育て

る行為であることに違いない。

「保育」と「教育」は同じ営みであるのか、それとも異なるものなのであろうか。小川博久は保育ということばは保護の保の字と教育の育の字をとって作られたことばであり、保護と教育の2つの意味が含まれているという。ただし教育の質については学校教育をイメージするものとは異なると、『保育原理2001』に以下のように述べる。保育という用語には「児童期の教育（具体的には学校教育）にはない独自の役割があるという認識がそこにはみられるのである。…ではなぜあえて、保育ということばで幼児教育を語ろうとするのであろうか。その理由の一つは、教育ということばの意味がともすれば学校教育というものに限定されて解釈されがちだということがいえるのである。つまり学校教育の心中にある授業…と幼児の指導は同じでないというニュアンスが、この保育ということば使いにはうかがわれる。…そうした教育ということばのイメージをきらって保育ということばが使われるのは、幼児期における教育的働きかけの独自性を強調したいという願いがあるからである。」つまり、教育ということばは学校教育における授業を連想してしまうので、教育も間違いではないが保育という用語が適切であると主張したのであろう。

一方、竹内道夫は『教育社会学辞典』（東洋館出版、1986）「保育」の用語解説で「乳幼児期の教育だけがとくに保育と呼ばれるのはいかなる理由によるのであろうか。そもそも保育は保護養育の略で、か弱い乳幼児を保護し、温かく見守りながら養い育てる働きを言うのである。これまでわが国では、教育とは、主として学校における児童や青年に対する知識及び技能の教授や伝達の働きと考えられてきた。それゆえ乳幼児期の教育は、それらとは異なるし異ならなければならない。したがって乳幼児期の教育を、とくに保育とよんで教育と区別したのは決して意味のないことではない。」と記す。

小川も竹内も、乳幼児期の発達の特殊性、学校教育に対する固定的なイメージや役割などの比較において、幼稚園や保育所での営みを保育と称した方がより適切な表現であることを強調した。同じ「育てる」という行為も、その対象によってかかわり方が異なり、使用される用語もよりその行為に合ったものが選ばれたのであろう。

(2) 保育の場における保育と教育

　2006 (平成18) 年就学前の子どもに関する教育、保育等の総合的な提供の推進に関する法律施行規則が制定され、それに基づいて「認定子ども園」が新たな保育施設として誕生した。認定子ども園の特徴として、一般向けに紹介された内容のひとつに「幼稚園の教育と保育所の保育を併せ持つ施設」が挙げられる。ここで使用されている保育と教育はどのように使い分けされているのであろうか。「幼稚園の教育」、「保育所の保育」という表現からもある程度予想されるであろう。教育は幼稚園の営み、保育は保育所の営みを表す用語として使われている。保育所保育の特性のひとつに「養護と教育の一体化」が挙げられる。このことは、保育という営みの中にすでに養護も教育も含まれるという考え方である。幼稚園においても、また保育所においても教育という用語は保育内容「健康」、「人間関係」、「環境」、「言葉」、「表現」の総称を意味するものである。では、養護的なかかわりが保育か、というとそれも断定することはできない。なぜならば、保育という働きは養護的なかかわりと教育的なかかわりが混在した営みだからである。したがって一体化が望ましい表現であり、すでに保育は教育を含有した用語として用いられ、改めて幼稚園の教育と保育所の保育と記す必要はない。幼稚園の教育、保育所の保育といったとき、その背景には文部科学省と厚生労働省の二元化された保育行政の中で使い分けされた行政用語ともいえる。

(3) 養護と教育

　保育所保育指針第1章総則、保育所の役割 (2) に「保育所は、その目的を達成するために、保育に関する専門性を有する職員が、家庭との綿密な連携の下に、子どもの状況や発達過程を踏まえ、保育所における環境を通して、養護及び教育を一体的に行うことを特性としている。」と記している。つまり、保育所の保育は養護と教育が一体となって営まれる活動という事である。

　では、ここでいう養護とはどのような営みをいうのであろうか。保育所保育指針には養護について「養護とは、子どもの生命の保持及び情緒の安

定を図るために保育士が行う援助や関わり」と記している。具体的にいうならば、子どもが安心して過ごすことができる環境を構成する、食事の世話や排泄の介助、休息や午睡など生理的欲求を満たす、友だちと楽しく遊べるようにするなどが挙げられる。幼稚園においては特別に養護について示されてはいないものの、教育活動実践上の配慮重要として幼稚園教育要領の各所に示されている。幼稚園も保育所と同様、日々の保育の中であたりまえに養護的活動を実践している。

　保育所における教育的側面について保育所保育指針では「教育とは、子どもが健やかに成長し、その活動がより豊かに展開されるための発達の援助であり、「健康」、「人間関係」、「環境」、「言葉」、「表現」の5領域から構成される。」とある。幼稚園においても教育に関する項目は幼稚園教育要領に、心身の発達に関する領域「健康」、人とのかかわりに関する項目「人間関係」、身近な環境とにかかわる領域「環境」、言葉の獲得に関する領域「言葉」及び感性と表現に関する領域「表現」とある。これらは、子どもの発達をとらえる視点として示されたものである。乳幼児期の教育のねらいは、生きる力の基礎となる心情、意欲、態度を身に付けることにある。そのために保育者は5つの視点から子どもの発達をとらえ、子どもが将来社会に貢献できる人材に育つよう願いを込めて子どもが自発的に遊べるよう環境を整え、その中で興味や関心を広げ、学びが積み重ねられるようにかかわるのである。

　このような営みが養護と教育が一体となった活動、あるいは、両者の機能が混合し融合しあった活動、すなわち保育そのものなのである。

2. 保育の理念

保育の社会的意義

(1) 保育の基本

　幼稚園教育要領にはその冒頭に「幼児期における教育は、生涯にわたる人間形成の基礎を培う重要なものであり、幼稚園教育は、学校教育法第22条に規定する目的を達成するため、乳幼児期の特性を踏まえ、環境を

通して行うことを基本とする。」として3つの視点を示している。第1点として、幼児の主体的な活動を促し、幼児期にふさわしい生活が展開されるようにすること。第2点目に遊びを通して、ねらいが総合的に達成されるようにすること。第3点目に一人ひとりの特性に応じた発達支援や指導ということである。

　一方、保育所保育指針には保育の目標として「保育所は、子どもが生涯にわたる人間形成にとって極めて重要な時期に、その生活時間の大半を過ごす場である。このため、保育所の保育は、子どもが現在を最もよく生き、望ましい未来をつくり出す力の基礎を培うために、次の目標を目指して行わなければならない。」として、6点の目標が示されている。

　また、保育の方法については、幼稚園教育要領に示された保育の基本的な理念と同様、子どもの主体性を尊重した保育、幼児期にふさわしい体験ができるよう生活や遊びを通した総合的な保育、個人差を考慮した一人ひとりの発達過程に応じた保育などが挙げられている。

(2) 保育の役割と社会的意義

　少子化、核家族化など家族構成の変化、子どもを取り巻く社会の変化は、子どもの成長に何らかの影響を与えている。少子化や核家族化は親の育児力や教育力の低下を招く要因にもつながる。また、父親の育児参加が少なく、子育ての責任が母親に集中することにより、その負担がストレスとなり子どもに対し不適切なかかわりを生じさせる原因ともなっている。身近なところに子育てへのアドバイスや協力をしてくれる人もなく、育児の孤立化、密室化も起こっている。一方、子どもに目を向けると、家庭においても、地域社会においても多様な人間関係に触れる機会が少なく、同年齢の子ども同士で遊べない、他者への関心や思いやり育たないなどの人間関係の希薄さによる影響が指摘されている。このような社会状況の中では、保護者の子育て支援が必要となり、それに伴って、子どもの発達を保障するという点からも幼稚園や保育所などに求められる社会的な役割が強くなってくる。

　保育所保育指針第1章に保育所の役割として、「(3) 保育所は、入所する

子どもを保育するとともに、家庭や地域の様々な社会資源との連携を図りながら、入所する子どもの保護者に対する支援及び地域の子育て家庭に対する支援などを行う役割を担うものである」とし、子どもの発達保障と保護者支援についても明記されている。また、幼稚園教育要領第1章に教育活動終了後の教育活動として、「幼稚園は、地域の実態や保護者の要請により教育課程に係る教育時間の終了後等に希望する者を対象に行う教育活動について…幼稚園教育の基本を踏まえ実施すること。また幼稚園教育の目的を達成に資するため、幼児の生活全体に豊かなものとなるよう家庭や地域における幼児期の教育の支援に努めること」と、家庭や地域の教育支援という事がうたわれている。子どもの発達保障と保護者支援の2点が保育の施設機能としての役割であり社会的意義でもある。

　前述したように、家庭や地域社会など子どもが育つ環境は必ずしも良好とはいえない。家庭における教育力が低下し、本来家庭で身に付けるべき生きる上での基本、同年齢の子ども同士が切磋琢磨し、多様な経験を積み重ねていく場として保育の場は重要である。ロバート・フルガムの著書『人生に必要な知恵はすべて幼稚園の砂場で学んだ』(河出書房)に「人間、どう生きるか、どのようにふるまい、どんな気持ちで日々送ればいいか、本当に知っていなくてはならないことを、わたしは全部残らず幼稚園で教わった。人生の知恵は大学院という山のてっぺんにあるのではなく、日曜学校の砂場に埋まっていたのである。」という一節がある。

　まさにこのことが保育に課せられた社会的意義のひとつであろう。生きる力の基礎を培う場として保育は大切である。

　保育は子どもを育てる営みであるが、同時に保護者を育てる役割も求められている。すべての子どもに、豊かな子ども時代を保障していくには、さまざまな角度から支援体制を整えていく必要がある。

保護者との協働

(1) 連携の必要性

　子どもが日々過ごす場は主として家庭と保育施設であろう。家庭においては保護者が子どもの生活を支え、園生活においては保育者がその生活を

支える。子どもの健やかな成長を願ったとき、家庭と園生活は全く切り離して考えることができるのであろうか。それとも、それぞれの生活を尊重し、異なった生活の場としてとらえたほうがよいのであろうか。子どもの視点に立って考えると、家庭も地域社会もまた保育施設も連続した生活の場であってそれぞれが切り離された空間ではない。

　児童福祉施設最低基準第36条には「保育所の長は、常に入所している乳児又は幼児の保護者と密接な連絡を取り、保育の内容等につき、その保護者の理解及び協力を得るよう努めなければならない。」とされ、また、幼稚園教育要領第3章指導計画作成上の留意事項にも「幼児の生活は、家庭を基盤として地域社会を通じて次第に広がりを持つものであることに留意し、家庭との連携を十分図るなど、幼稚園における生活が家庭や地域社会と連続性を保ちつつ展開されるようにすること。…家庭との連携に当たっては、保護者との情報交換の機会を設けたり、保護者と幼児との活動の機会を設けるなどすることを通じて、保護者の幼児期の教育に関する理解が深まるように配慮すること。」と、連携の必要性が示されている。また、保育所保育指針には保育所保育の特性として、家庭との連携について、その解説書に「保育は保護者と共に子どもを育てる営みであり、子どもの24時間の生活を視野に入れ、保護者の気持ちに寄り添いながら家庭との連携を密にして行わなければならない。」とされている。これらのことから、子どもを育てることは、保育者と保護者との相互依存的な関係でもあり相互補完的な役割を持つものであること、つまり協働によって行われるものであることが強調され示されている。保護者には、園での生活の様子や育ちの姿を伝え、保護者からは家庭での生活状況や心身の状況などの情報を得て、情報を共有化することによって子どもの育ちを支えることが重要である。そのためには保育者と保護者が日々の子どもの姿に共感し合える関係が大切である。園や保育者は、園生活のさまざまなエピソードを折に触れ伝え、子ども理解の方法や保育に対する姿勢を示し、保護者の子どもへのかかわりを認め、励ますなど一緒に子育てをしているという連帯感を持てるような働きかけが必要である。子どもが毎日安心して過ごせることが保護者にとっても大きな支えとなるであろう。幼稚園や保育所での保育が、

より積極的に乳幼児期の子どもの育ちを支え、保護者の教育力の向上につながるよう、保護者との信頼関係を築き、幼稚園や保育所の特性を活かした支援が大切である。

(2) 保護者との協働による発達支援を支えるために

保育者と保護者が協働するには、両者の信頼関係の構築が重要となってくる。その第一歩はなにげない日々のコミュニケーションである。「○○さん、大丈夫ですか。顔色が悪いですよ。」、「今日は、○○くん、誰にも言われてないのにトイレのスリッパ並べてくれたんですよ。」このような会話の積み重ねが信頼関係へと繋がる。

園と保護者が協働で子どもの育ちを支え、発達の目標を達成するには子どもに対する保育だけではなく、保護者を保育活動の協力者としてかかわってもらうことも大切であろう。保育参観日や保護者懇談会では、保育の実情や子どもの園生活の様子を見てもらい、保育に対する理解を深めて頂く良い機会となるであろう。また、保護者が保育者として保育に携わる一日保育体験や、得意の分野を活かした特別講師として保育を支える活動を取りいれる、保育ボランティアとして保育に参加していただくなどの試みも可能であろう。保育参観日に観察記録を記入してもらうなどの方法により、子どもの様子や保育の見方を客観的に捉えられるように働きかけることも有効である。さまざまな園行事への参加も保育の様子、子どもの様子を知る良い機会となる。単なる協力依頼、参加依頼ではなく、信頼関係をもとに相互協力関係を構築し、互いがよき協力者として関係を築くことがきわめて重要である。

参考文献
小川博久著『保育原理2001』同文書院、1998年。
厚生労働省『保育所保育指針』
日本教育社会学会編『教育社会学辞典』東洋館出版、1986年、竹内道夫「保育」。
文部科学省『幼稚園教育要領』
山下俊郎著『保育学概説』恒生社厚生閣、1972年。

第2章　保育所保育と幼稚園教育の基本

松田　純子

　第二次世界大戦が終わり、新しい日本の教育の基本を確立するために「教育基本法」と「学校教育法」が1947（昭和22）年に制定された。さらに同年、将来を担う子どもたちの福祉を願って「児童福祉法」が制定されている。そして、幼稚園は、「学校教育法」において学校の一つとして、保育所は、「児童福祉法」において児童福祉施設の一つとして位置づけられたのである。その後わが国では、幼稚園では「幼稚園教育要領」、保育所では「保育所保育指針」に準拠して保育が進められてきた。

　本章では、保育所保育と幼稚園教育の基本を理解するために、保育所保育指針と幼稚園教育要領の中の重要な概念を取り上げて解説する。

1. 保育所保育指針の理解

　保育所保育指針が初めて制定されるのは、1965（昭和40）年のことである。以降、保育所保育指針は1990（平成2）年と1999（平成11）年に改訂され、2008（平成20）年には、それまで厚生省局長による「通知」であったのが、大臣による「告示」となって公示された。ガイドラインと呼ばれ法的拘束力はない「通知」から、「告示」（法律）となり、規範性を有する「児童福祉施設最低基準」（第35条）としてようやく位置づけられることとなった。またそれと同時に、各園の創意工夫により特色ある保育を展開し、多様な保育ニーズに応えることができるように大綱化が図られ、要点を押さえながらより簡明に示す形となった。

養護と教育の一体性

「養護と教育の一体性」は、保育所保育を考える際にもっとも重要な概念である。1965（昭和40）年に初めて制定された保育所保育指針において、「養護と教育が一体となって豊かな人間性をもった子どもを育成する」ことが「保育所における保育の基本的性格」とされた。現行の保育所保育指針においても、第1章 総則で、保育所の役割として、環境を通して養護と教育が一体的に展開されることを特性とすることが明記されている。

保育所保育指針によれば、「養護」とは、「子どもの生命の保持及び情緒の安定のために保育士等が行う援助や関わり」であり、「教育」とは、「子どもが健やかに成長し、その活動がより豊かに展開されるための発達の援助」で、「健康」「人間関係」「環境」「言葉」「表現」の5領域から構成される。

「養護と教育が一体的に展開される」という意味について、『保育所保育指針解説書』では、「保育士等が子どもを一個の主体として尊重し、その命を守り、情緒の安定を図りつつ、乳幼児期にふさわしい経験が積み重ねられていくように援助すること」とし、「子どもは自分の存在を受け止めてもらえる保育士等や友達との安定した関係の中で、自ら環境に関わり、興味や関心を広げ、様々な活動や遊びを通して新たな能力を獲得していく」と説明している。つまり、子どもの健やかな育ちは、上に挙げる5つの領域を中心とした活動や体験を通して図られることになるが、そのための援助（教育）の基礎となるものが養護と捉えることができる。生命の保持や情緒の安定があって、子どもは初めて自ら活動や体験を意味あるものとすることができる。保育士も、養護の働きを基にしながら一体的に援助を行っていくのである。

保育所保育指針 第1章 総則では、「保育の目標」として、「保育所は、子どもが生涯にわたる人間形成にとって極めて重要な時期に、その生活時間の大半を過ごす場である。このため、保育所の保育は、子どもが現在を最も良く生き、望ましい未来をつくり出す力の基礎を培うために、次の目標を目指して行わなければならない」と述べ、次の6項目を挙げている。

（ア）十分に養護の行き届いた環境の下に、くつろいだ雰囲気の中で子ど

もの様々な欲求を満たし、生命の保持及び情緒の安定を図ること。
(イ) 健康、安全など生活に必要な基本的な習慣や態度を養い、心身の健康の基礎を培うこと。
(ウ) 人との関わりの中で、人に対する愛情と信頼感、そして人権を大切にする心を育てるとともに、自主、自立及び協調の態度を養い、道徳性の芽生えを培うこと。
(エ) 生命、自然及び社会の事象についての興味や関心を育て、それらに対する豊かな心情や思考力の芽生えを培うこと。
(オ) 生活の中で、言葉への興味や関心を育て、話したり、聞いたり、相手の話を理解しようとするなど、言葉の豊かさを養うこと。
(カ) 様々な体験を通して、豊かな感性や表現力を育み、創造性の芽生えを培うこと。

　最初の(ア)が養護にかかわる目標で、以下(イ)から(カ)の5項目は、教育の内容の5領域「健康」「人間関係」「環境」「言葉」「表現」にかかわる目標である。5領域にかかわる保育の目標は、学校教育法に示されている幼稚園の目標と共通のものとなっている。この点については、保育所保育指針の制定に先立って、1963(昭和38)年、当時の文部省と厚生省の両局長による「幼稚園と保育所との関係について」の通知が出されている。それには、「保育所のもつ機能のうち教育に関するものは幼稚園教育要領に準ずることが望ましい」とある。「教育に関するもの」とは、具体的には保育内容(当時は6領域、現行は5領域)に関することと考えられる。

　保育所保育指針の第3章「保育の内容」は、次ページに示す通り、まず「保育のねらい及び内容」が、「養護」と「教育」の両面から示されている。「ねらい」は、第1章 総則の「保育の目標」(6項目)を具体化したものであり、これはさらに「内容」として具体化されていく。

　ここで重要なことは、「養護」と「教育」の両面から示されてはいるが、これは「ねらい」と「内容」を具体的に把握できるようにするためであって、実際の保育では、先にふれたように、養護と教育が一体となって進められていくということである。「生命の保持」および「情緒の安定」と5領域にかかわる保育の内容は、「子どもの生活や遊びを通して相互に関連を持ち

```
第3章　保育の内容
1　保育のねらい及び内容
(1) 養護に関わるねらい及び内容
    ア　生命の保持
    イ　情緒の安定
(2) 教育に関わるねらい及び内容
    ア　健康
    イ　人間関係
    ウ　環境
    エ　言葉
    オ　表現
                        （保育所保育指針から見出しを抜粋）
```

ながら、総合的に展開されるもの」と保育所保育指針でも説明されている。

　とくに保育所においては、その社会的性格や役割から、幼稚園よりも保育時間が長くなり、しかも乳児を含めた3歳未満児の保育も行われるため、当然より細やかな「養護」的側面が求められることになる。人間形成の基礎を培う重要な乳幼児期の子どもたちが、以前にも増して長い時間を保育所で過ごすようになってきた。都市化や核家族化や少子化などの社会の動きに伴い、子どもの育ちや保護者をめぐる環境が変化し、家庭や地域の子育て力の低下が指摘される現代において、保育所における質の高い一体化した養護と教育の機能がいっそう強く求められている。

発達過程に応じた保育

　子どもの健やかな発達を保障することは、保育所保育の大切な役割である。人間形成の基礎が培われる乳幼児期は、心身の発育・発達が著しく、個人差も大きい。それだけに一人一人の育ちを保育士がていねいに見ていく必要がある。

　保育所保育指針では、6年間の子どもの育ち（発達）を8つの発達過程区分により捉えている。第2章「子どもの発達」において具体的に示されるこの区分は、保育所での6年間にわたる生活を通して育つ子どもの発達のすじみち（発達過程）を示すものであり、「同年齢の子どもの均一的な発達の基準ではなく、一人一人の子どもの発達過程としてとらえるべきもの」と説明されている。発達過程区分のそれぞれに「おおむね」という語句がつけられているのは、その点を考慮してのことであろう。

【発達過程区分】
　(1) おおむね6か月未満
　(2) おおむね6か月から1歳3か月未満
　(3) おおむね1歳3か月から2歳未満
　(4) おおむね2歳
　(5) おおむね3歳
　(6) おおむね4歳
　(7) おおむね5歳
　(8) おおむね6歳

　子どもの発達は、様々な環境との相互作用により、いろいろな要素がからみ合い、促されていく。すなわち、「子どもがそれまで体験したことを基にして、環境に働きかけ、環境との相互作用を通して、豊かな心情、意欲及び態度を身に付け、新たな能力を獲得していく過程」と保育所保育指針は述べている。

　そして、子どもの発達において、養護と教育を一体的に行う専門職としての保育士の存在は重要である。保育士は、子どもの発達の特性や発達過程を理解し、子どもと生活や遊びを共にする中で、一人一人の子どもの発達過程や心身の状態に応じた適切な援助や環境構成を行うことが求められるのである。

　保育所保育指針の第3章の「保育の実施上の配慮事項」では、保育士が心がけるべきポイントがていねいに記述されている。「保育士等は、一人一人の子どもの発達過程やその連続性を踏まえ、ねらいや内容を柔軟に取り扱う」こととして、さらに「保育に関わる全般的な配慮事項」を述べた上で、発達過程区分を大まかに採用して「乳児保育に関わる配慮事項」「3歳未満児の保育に関わる配慮事項」「3歳以上児の保育に関わる配慮事項」が記されている。

　また第4章「保育の計画及び評価」では、「指導計画の作成上、特に留意すべき事項」において、「発達過程に応じた保育」の項目があり、「3歳未満児」「3歳以上児」「異年齢で構成される組やグループ」の指導計画作成の配慮点が示されている。

保育所保育指針の大綱化により、保育内容や実際の保育実践、指導計画等における発達過程区分ごとの詳細な記述はなされていない。しかし、人間形成の基礎を培う重要な乳幼児期（6年間）の子どもを対象とする保育所保育を捉える上で、発達過程区分を基本とした「発達過程に応じた保育」という考え方、すなわち、子どもの育つみちすじ（発達）やその特徴をしっかりと踏まえ、発達の個人差に留意しながら、個別にていねいに保育を行うことは大変重要なことである。

2. 幼稚園教育要領の理解

　先述の通り、幼稚園は、1947（昭和22）年に制定された「学校教育法」で学校教育体系の一環として位置づけられた。翌1948（昭和23）年に文部省は、「保育要領―幼児教育の手引き」を刊行している。これは、幼稚園だけではなく、保育所や家庭における保育の手引書として利用されるよう意図されていた。1956（昭和31）年、この「保育要領」を改訂して、初めて「幼稚園教育要領」が編集された。そして、1964（昭和39）年の改訂に際して文部省告示として公示され、教育課程の基準としての性格が明確化された。その後、1989（平成元）年、1998（平成10）年と改訂を重ね、2008（平成20）年にさらに改訂され、現行の幼稚園教育要領が告示されている。

環境を通して行う教育

　2007（平成19）年の学校教育法の改正により、幼稚園は学校種の規定で、それまで条文の最後に列記されていたのが、最初に位置づけられることになった。そして、その学校教育法第22条では、「幼稚園は、義務教育及びその後の教育の基礎を培うものとして、幼児を保育し、幼児の健やかな成長のために適当な環境を与えて、その心身の発達を助長することを目的とする」と規定されている。

　それを踏まえて、2008（平成20）年に改訂された幼稚園教育要領の第1章総則 第1「幼稚園教育の基本」では、「幼児期における教育は、生涯にわたる人格形成の基礎を培う重要なものであり、幼稚園教育は、学校教育法第

22条に規定する目的を達成するため、幼児期の特性を踏まえ、環境を通して行うものであることを基本とする」と記されている。ここに「環境を通して行う教育」が、幼稚園教育の基本であることが確認される。

　幼児期は、自分の生活の中で自分の興味や欲求に基づいて主体的に周囲の環境に働きかけ、直接的で具体的な体験をすることで、人格形成の基礎となる豊かな感性や愛情・思いやりなどの「心情」、自ら自分の世界を広げ挑戦しようとする「意欲」、そして健全な生活を営むために必要な「態度」を身につける時期である。とくに心身の発達が著しい幼児期の子どもは、環境から大きな刺激を受ける。したがって、幼児期の教育では、子どもが自分の生活とは関係ない知識や技能を教えられ身につけていくのではなく、生活の中でその環境からいろいろな刺激を受け、自分から興味を持って環境にかかわる体験が重視されるのである。

　『幼稚園教育要領解説』では、幼稚園教育について、「幼児期の発達の特性を踏まえ、幼児の生活の実情に即した教育内容を明らかにして、それらが生活を通して幼児の中に育てられるように計画性をもった適切な教育が行われなければならない」と述べた上で、「環境を通して行う教育」、すなわち「教育内容に基づいた計画的な環境を作り出し、その環境にかかわって幼児が主体性を十分に発揮して展開する生活を通して、望ましい方向に向かって幼児の発達を促すようにすること」が基本となると説明している。環境を通して行う教育は、「間接教育」と呼んでもよいだろう。それは、子どもの生活を大切にする教育でもある。

　環境を通して行う教育において、教師（保育者）の役割は重要である。保育者は、環境（遊具や用具、素材など）を準備して、後は子どもの思うがままに任せるというのではない。環境の中の教育的価値をよく理解し、あるいは環境の中に教育的価値を含ませ、子どもが興味・関心を持って自ら環境にかかわる体験ができるようにと意図を持って、計画を立て環境構成を行う。そして、保育者の教育的意図や配慮が行き届いた環境の中で、子どもにとってみれば自由で楽しい活動が展開することになるのである。

　『幼稚園教育要領解説』では、環境を通して行う教育の特質について、次の4つを挙げている。まず、幼児の主体性が何よりも大切にされなけれ

ばならないこと、そして、幼児にとって意味のある体験ができるような環境構成の必要性、さらに、幼児の意欲を大切にする長期的な見通しを持った教師のかかわりの重要性、最後に、環境にかかわるモデルとしての教師の存在である。

このような「環境を通して行う教育」は、小学校以上の学校教育の授業や系統的な学習のイメージからすると、ずいぶん異なる教育であると感じられるかもしれない。幼児期の発達の特性を踏まえ、幼児期にふさわしい生活を実現することを通して、その発達を可能にしていく幼稚園教育では、この「環境を通して行う教育」が基本であることを、より広く一般の人々にも理解してもらう必要がある。

遊びを通しての総合的指導

幼稚園教育要領の第1章 総則 第1「幼稚園教育の基本」では、先に述べたように、生涯にわたる人格形成の基礎を培う重要な幼児期において、幼稚園教育の基本は、幼児期の特性を踏まえた「環境を通して行う教育」であるとした上で、重点事項として次の3つが示されている。

1 　幼児は安定した情緒の下で自己を十分に発揮することにより発達に必要な体験を得ていくものであることを考慮して、幼児の主体的な活動を促し、幼児期にふさわしい生活が展開されるようにすること。
2 　幼児の自発的な活動としての遊びは、心身の調和のとれた発達の基礎を培う重要な学習であることを考慮して、遊びを通しての指導を中心として第2章に示すねらいが総合的に達成されるようにすること。
3 　幼児の発達は、心身の諸側面が相互に関連し合い、多様な経過をたどって成し遂げられていくものであること、また、幼児の生活経験がそれぞれ異なることなどを考慮して、幼児一人一人の特性に応じ、発達の課題に即した指導を行うようにすること。

幼児期の子どもの生活は遊びそのものと言ってよいほど、遊びは子どもの生活の中心を占める。「幼児期にふさわしい生活」も遊びを抜きにして考えることはできない。また、心身の発育・発達の著しい幼児期において、一人一人の子どもの発達や特性に応じた保育が重要となるが、幼稚園のよ

うな集団保育の場で、一人一人の子どもの主体性を大切にしながら保育をしようとすれば、当然、子どもの自発的な活動としての「遊び」が保育の中心となるだろう。

　遊びは、遊ぶこと自体が目的であり、何かの成果を生み出すことが目的ではないところに特徴がある。子どもは、自由に全身全霊をかたむけて遊びに取り組む。そして、遊びを通して、子どもの心身の様々な側面の発達が相互に関連し合いながら、豊かな経験として積み重ねられていく。結果的に子どもの遊びには、子どもの成長・発達にとって重要な体験が様々に含まれており、しかもそれが子どもにとって楽しい活動として経験されるのである。まさに幼児期の子どもにとって、遊びは、無理のない「心身の調和のとれた発達の基礎を培う重要な学習」である。保育者は、この遊びの意義と豊かな可能性を理解した上で、遊びを通しての指導を考える必要がある。

　一つの遊びが展開する中で、子どもたちはそれぞれに多様な経験をし、様々な知識や技能や態度を身につけることになる。保育者は、遊びの中で、一人一人の子どもがどのような興味・関心を持ち、どのような発達の課題に取り組み、どのような経験をしているのかを見極める必要がある。そして、発達にとって必要な経験が得られるような状況を作るために、また子どもと共により豊かな遊びを創造していくために、環境を再構成するなどの柔軟な考え方と対応も必要となる。常に遊びの様子に留意しながら、様々な配慮と援助を行っていかなければならないのである。『幼稚園教育要領解説』には、「幼児の生活そのものともいえる遊びを中心に、幼児の主体性を大切にする指導を行おうとするならば、それはおのずから総合的なものとなる」と記されている。

　このように「遊び」は幼児期の子どもの生活の中心であり、幼稚園における教育でも「遊びを通しての総合的な指導」を行うことが幼稚園教育要領に明記されているが、実際の保育現場において、「遊びを通しての総合的な指導」がどれほど実現されているだろうか。社会全体を見ても、子どもの遊びの時間や空間などが制限され、子どもが遊ぶ環境が乏しいものになってきている。華やかなテーマパークの類やハイテクの玩具類など、一

見子どもの遊び環境が豊かになっているようにも見えるが、用意された遊び場、遊び道具、遊び方などを通して子どもが経験している遊びは、ここで論じてきた本来の遊びと同じものであろうか。子どもを取り巻く環境が変化する中で、保育者は、子どもの「遊び」の意義を改めて捉えなおし、子どもの実態を踏まえながら、子どもの成長・発達にとって意味のある「遊び」をまず保障する必要があることをつけ加えておきたい。

　これまで、保育所保育と幼稚園教育の基本を明らかにするために、保育所保育指針と幼稚園教育要領で重要と思われる考え方について、それぞれ説明を行ってきた。そのため、保育所保育と幼稚園教育は異なるものであるという印象を与えたかもしれない。保育所では「保育」が、幼稚園では「教育」が行われるという説明もよく耳にする。それは一見大変明解な説明に思われる。しかしながら、保育を学ぶ者として十分に理解しておかなければならないことは、保育所の「保育」も「教育」であり、幼稚園の「教育」も「保育」であるということである。わが国では、乳幼児期の子どもを育む営みを総じて「保育」と呼んできた。そこには、とくに幼い子どもたちを育む「養護」と「教育」が一体化された営みという意味が込められている。保育所と幼稚園では、制度や社会的性格・役割が異なることもあり、そこで展開される保育はそれぞれ独自の部分もあるだろう。乳児と就学前の幼児では、発達過程や発達課題も異なり、当然援助の仕方も違ってくる。保育時間が異なり、対応する保育ニーズが違えば、保育の流れや内容もそれに応じて創意工夫されなければならないはずである。しかし、保育の現場では、保育所であっても幼稚園であっても、一人一人の子どもを主体的な存在として捉え、その子どもが周囲の環境に働きかけて、直接的かつ具体的な体験をすることによって、発達過程に応じた心情、意欲、態度を身につけていくことができるように、遊びを中心とした生活の中で、養護と教育が一体となった援助を行っているのである。
　本章で述べてきた4つの重要な概念は、つまりは保育所においても幼稚園においても保育の基本となる考え方であり、多かれ少なかれ保育所保育指針にも幼稚園教育要領にも示されていることなのである。

参考文献

小田豊・神長美津子・森眞理編著『改訂 保育原理――子どもと共にある学びの育み――』光生館、2009年。
厚生労働省『保育所保育指針解説書』フレーベル館、2008年。
子どもと保育総合研究所・森上史朗・大豆生田啓友編著『よくわかる保育原理』第2版 ミネルヴァ書房、2009年。
柴崎正行編著『保育原理――新しい保育の基礎――』同文書院、2009年。
関口はつ江編著『保育の基礎を培う 保育原理』萌文書林、2012年。
民秋言・河野利津子編著『保育原理』北大路書房、2009年。
文部科学省『幼稚園教育要領解説』フレーベル館、2008年。

第3章　子どもの心理発達──社会性の芽生えと獲得──

塚原　拓馬

1. 愛着の発達

　「子どもが特定の人（養育者）に対して抱く情緒的な結びつき」のことを愛着という。愛着は精神発達の基盤となり、愛着対象がいることで外界のもっと複雑な世界へと探索行動を広げていくことができる。それは、大人が故郷や住み慣れた土地を、精神的拠り所にすることで、競争に溢れた産業社会で働く意欲を取り戻すことができるようなものであろう。
　では、子どもにとってその精神的拠り所（情緒的安全基地）である親との関係は如何なる意味をもつであろうか。以下では、社会性の発達にとって不可欠な精神的基盤となる愛着の発達について見ていく。

愛着の成分
　母親や養育者から離れて孤児院や病院などで暮す乳幼児の死亡率が高くなるホスピタリズム（施設病）という現象がある。これは、死亡率だけでなく、身体的発育の遅れ、知的発達の遅れなど、子どもの発達において様々な支障を発生させるものである。ボウルビィ（1951）は、このような施設病をマターナル・デプリベーションと言い、母子関係が欠如していることが原因であると考えた。また施設児に対する医学的治療や衛生管理だけでなく、接触や愛撫というマザリングが不可欠であり、また、乳幼児の母親への接近要求は学習されたものではなく生得的なものであるとされている。
　それまでの愛着研究では、愛着関係の成分として二次的動因説が支持されてきた。動物行動による接近回避行動のように、食物に対する要求

を満たしてくれる対象に愛着関係が形成されるという説である。しかし、ハーロー(1961)のアカゲザルの実験ではそれが支持されなかった。それは、アカゲザルの子ザルに布製の代理母と針金製の代理母を提示し、どちらに多くしがみついたかを実験したものである(図1参照)。

図1　アカゲザルの実験例

出典：筆者作成

　結果は明らかであった。子ザルは布製の代理母に対してはるかに多くの時間しがみついていたのである。この代理母にはどちらも授乳ができるように細工されていたが、それは決定要因とならなかった。つまり、授乳よりも接触の快さの方が愛着関係の形成の要因となることがわかる。
　このように愛着の形成にはマザリングが不可欠であること、またマザリングの欠如は乳幼児の健全な発達を阻害する要因となることから、安定的な愛着の形成は精神発達の基礎となるものであることがわかる。

情緒的安全基地
　愛着形成は、乳幼児からの働きかけだけでなく母親の合図行動により乳幼児の働きかけが強化されていく。まだ言葉を持たない子どもは、反射行動などの反応や情動表出を通して母親に働きかけ、母親もまたそれに対して応答するという連関性により愛着は育まれるという母子相互によるもの

である。そして、こうした反応の適切性や敏感性、タイミングのセンスはどのような愛着関係を形成しているかという愛着パターンを形成する要因にもなる。

　エインズワースら（1978）は、ストレンジ・シチュエーション法という実験により、母親との分離・再会場面で、乳幼児が母親を情緒的安全基地として利用できるかを調べ、そのパターンを明らかにした（**図2**参照）。

図2　ストレンジ・シチュエーション法の例
出典：筆者作成

　その結果によると、母親がいなくなっても泣いたりせず、戻ってきても接近しなかったり避けたりする「回避型」、母親がいなくなると泣いたり抵抗するが、戻ってくると再会を喜び、接触を求める「安定型」、母親と一緒にいても不安な様子で離れると非常に混乱を示す「不安定型」の3類型があることを明らかにした。また、後に、母親が近づいても目を向けなく、突然泣き出したりする「無秩序型」が加えられた（Main & Solomon, 1986, 1990）。

　また、これは母親の行動にも連関しており、「回避型」の母親は拒否的・強制的で固い性格である傾向があり、「安定型」の母親は子どもの反応に敏感で調和的・応答的であり、「不安定型」の母親は応答のタイミングのセンスに欠け、一貫したマザリングを与えられないという特徴が見られた。また「無秩序型」は精神的に不安定であり、精神疾患の可能性や虐待が疑

われるとされる。このように、エインズワースの実験からでもマザリングの仕方が子どもの愛着関係の安定性を左右する要因であることがわかる。

愛着と行動

　乳児は愛着対象と分離した時、危険を示すサインとして泣くという反応するが、一定の時期を過ぎると安全である範囲で探索行動を拡張させることができるようになる。これは、母親を情緒的安全基地（ボウルビィ、1979）として利用することができることであり、安定した愛着が形成されている証拠である。

　そして、こうした愛着対象との安定的関係性は、その後の対人関係の在り方や精神的発達に対しても影響を与えると考えられている。母親との安定的愛着関係により、情緒的安全基地から外界への探索行動が活発になり、さらに第三者との愛着関係が形成され、対人関係が拡張していくことができる。ボウルビィ（1969、1973、1980）によれば、個人は内的ワーキングモデルという機能があり、それにより外界を認知し行動を計画し実行することができると考えられている。この内的ワーキングモデルにおいて重要なものが愛着対象との内的ワーキングモデルである。

　愛情溢れる両親に養育された子どもの内的ワーキングモデルは安定的であり、その後も他者との安定的な関係を築くことに応用することができるが、育児を放棄され愛着対象との安定的関係を持てない養育環境で育った子どもの内的ワーキングモデルは、その後の他者との関係に応用することは難しいであろう。このように愛着は乳幼児の精神発達に限らず、その後の外界に対する探索行動や対人行動にも影響を与える人間発達の中核的な要因であることがわかる。

2. 道徳性の発達

　「何が良くて、何が悪いのか」。善悪の判断には、高度な認知能力が必要とされる。社会で生きる人としての道徳には、必ずしも恒常的な基準が用意されていない。その発達段階、居住地域、文化や慣習、宗教などによっ

て、善悪の基準が異なってくるからである。そのような複雑で流動的な道徳の概念を、子どもはどのように習得していくであろうか。以下では、ピアジェとコールバークの道徳発達論を見ていく。

他律的道徳と自律的道徳

道徳性とは、社会一般に受け入れられている規範や習慣を尊重する意識のことである。また、そこでどのような意識が妥当であるかを特定するため、個人的欲求と社会的義務を解決する能力も必要になる。さらに、道徳的規範の知識があるかという認知的側面と、自己の行動を統制し行動ができるかという行動的側面がある。

まず、ピアジェ（1932）は道徳の認知発達を他律的道徳から自律的道徳へ発達していくものとして捉えている。例えば、子どもが「パパのインクをこぼしてしまった」という過失場面において、(A)「パパに手紙を書くため」、(B)「遊んでいて」という二つの理由でどちらが許容されるかについて道徳的な判断を求められたとする（図3参照）。この過失場面において、他律的段階の子どもは、例えば「大きなシミを残した方が悪い」と判断する。これは、規則は神聖なもので変えることはできなく、行為の善悪も結

図3 道徳性の判断場面例

出典：筆者作成

果に基づいて判断するという責任性を考える。一方、自律的段階の子どもは、「動機が理解できなければ悪い」と判断する。これは、規則は同意によって変えられるものとし、行為の善悪は行為の意図や動機に基づいて判断する責任性を考える。

つまり、子どもの道徳性は(大人による)拘束他律的な道徳性から、協同自律的な道徳性へと発達していくのである。このことから、一方的な大人側の道徳的価値観を躾するだけでは自律的で柔軟な道徳性を育むことはできず、仲間関係が複雑になっていく学校生活や社会生活において適応的な道徳的判断をする社会的スキルの獲得を阻害する要因となる恐れがあることがわかる。

道徳性の発達変化

上述したピアジェの道徳性の発達論を受け、コールバーグ(1963)は道徳性の発達をさらに精緻化した。コールバーグの道徳的発達は、罰を避け報酬を手に入れることを善と判断する段階から、習慣的な仕方で判断する時期を経て、自律的な価値や原理により判断する段階へと発達変化すると

表1　コールバーグの道徳性発達

レベル1	前慣習的水準	
	ステージ1	罰と服従への志向 罰や苦痛を回避するため規則に服従する
	ステージ2	道徳的・功利的志向 報酬を手に入れ自己の要求の満足を求める
レベル2	慣習的水準	
	ステージ1	良い子への志向 身近な他者から期待されるよい役割を遂行する
	ステージ2	権威と社会的秩序の維持への志向 社会的秩序を維持し権威を尊重する
レベル3	原則的水準	
	ステージ1	契約的法への志向 他者の権利や幸福を守るため一致した基準に従う
	ステージ2	普遍的倫理・原則への志向 普遍的・倫理的な公平さの原則に従う

捉えている。このような視点から10歳前後までの道徳性を3水準6段階に分けて考えた（**表1**参照）。まず、「前慣習的水準」では道徳的価値は物理的な結果から判断される、罰と服従への志向（ステージ1）と道徳的・功利的志向（ステージ2）である。次に、「慣習的水準」では正しい役割を遂行することが道徳的価値であるとされ、良い行への志向（ステージ3）、権威と社会的秩序への維持への志向（ステージ4）に発達する。そして、「原則的水準」では、現実社会や規範を超えて妥当性と普遍性を志向し、契約的法への志向（ステージ5）、普遍的倫理への志向（ステージ6）へと発達する。

　このように、コールバーグは道徳性について「認知的葛藤の解決」と「役割取得の機能」が重要であるとしている。それまで獲得してきた既存の認知的スキーマでは解決できない場面ではどのような判断が妥当であるか葛藤が生じる。こぼしたインクのシミの大きさから善悪を判断することや、親や先生が言ったことが正しいという権威へ服従するだけでなく、動機や集団のルール、そして普遍的な倫理観などをもとに、道徳性をより高次な水準へと発達させていく。

性差や文化差

　これまでの道徳性は、いわば原理的な本質論による道徳の発達変化である。しかし、現実の個々の状況に応じて、どのような判断が正しいかについては異なってくる。「ピレネー山脈を越えれば正義が悪となれ、悪が正義になる」という諺のように、道徳的価値基準は極めて流動性を帯びている。

　例えば、ギリガン（1982）も、道徳性には性差が見られると考えている。男性は他者から独立した一個の個人になることを志向し、合理的・客観的に正しい解決をするという「公正」が重要であると考えている。一方、女性は自己と他者との関係や繋がりを志向し、他者への共感に基づいて現実的な解決法を探る「配慮」が重要であると考えている。

　このように、道徳性の発達は性差もさることながら、地域差や文化、宗教などによっても大きく異なることがわかる。従って、まずは文化や時代を超えた人間の本質的道徳性が育まれ、一定時期からその時代や所属集団、

宗教などの道徳性が獲得されていくのである。

参考文献

Ainsworth, M.D.S., Blehar, M. C., Walters, E. & Wall, S., 1978. Pattern of attachment: A psychological study of the strange situation. Lawrence Erlbaum Associates.

東洋・繁多進・田島信元編『発達心理学ハンドブック』福村出版、1992年。

Bowlby, J.,1951. Maternal care and mental health. WHO Monograph series. No.2.（黒田実郎訳『乳幼児の精神衛生』岩崎学術出版社、1961年。）

Bowlby, J., 1969. Attachment and loss. Vol.1: Attachment, London: Hogarth Press.（黒田実郎・大羽葵・岡田洋子訳『母子関係の理論Ⅰ 愛着行動』岩崎学術出版社、1976年。）

Bowlby, J., 1973. Attachment and loss. Vol.2: Separation, London: Hogarth Press.（黒田実郎・岡田洋子・吉田恒子訳『母子関係の理論Ⅱ 分離不安』岩崎学術出版社、1977年。）

Bowlby, J.,1980. Attachment and loss. Vol.3 Loss: Sadness and depression, London: Hogarth Press.（黒田実郎・吉田恒子訳『母子関係の理論Ⅲ 対象喪失』岩崎学術出版社、1981年。）

Gilligan, L., 1982. In a different voice: Psychological theory and women's development. Havard University Press.（岩男寿美子監訳『もう一つの声：男女の道徳観のちがいと女性のアイデンティティ』川島書店、1966年。）

Harlow, H. F., 1961. The development of affectional patterns in infant monkeys. In B. M. Foss(Ed.) Determinants of infant behavior. I. Methuen. pp.75-97.

海保裕之監修、南徹弘編『朝倉心理学講座3 発達心理学』朝倉書店、2007年。

河合塾ライセンススクール大学院入試対策講座『既学者のための心理学』河合塾ライセンススクール、2007年。

Kohlberg, L., 1963. The development of children's orientations toward a moral order: I. Sequence in the development of moral thought. Vita Human, 6, 11-33.

Main, M., & Solomon, J., 1986. Discovery of a new, insecure-disorganized/disoriented attachment pattern. In T, B. Brazelton & M. W. Yogman (Eds,) Affective development in infancy. Norwood, NJ: Ablex.

Main, M., & Solomon, J., 1990. Procedure for identifying infant as disorganized/disoriented during the Ainsworth strange situation. In M. M. T.Greeenberg, D. Ciccehetti, & E. M. Cummings(Eds). Attachment in the Preschool Years. Chicago: University of Chicago Press.

無藤隆・岡本祐子・大坪治彦『よくわかる発達心理学』ミネルヴァ書房、2004年。

Piage, J.,1932. The moral judgment of the child. Routledge and Kegan-Paul.

若井邦夫・高橋道子・高橋義信・堀内ゆかり『グラフィック乳幼児心理学』サイエンス社、2006年。

第4章　西洋の保育の思想と歴史

笹川　啓一

　今日、我々が保育という言葉から想像する保育施設での営みは、今と昔とでは異なっていた。勿論、乳幼児を集めて養育するという行為自体は、後述する保育思想が誕生する以前より行われてきた。しかし、その行為が実践されていたのは、保育施設ではなく孤児院であり、貧救院の一形態であったといえる。その運営母体の多くは、例えばヨーロッパにおいては修道院等の宗教団体であり、あるいは行政であった。これらの施設にあって歴史的に有名なものとしては、1546年に設立され、今日において名門校に数えられている英国のクライスト・ホスピタル（Christ's Hospital School）が挙げられよう。慈善施設あるいは授産施設でなく、保育施設という独自の施設の成立は、僅かに数世紀前の出来事である。それが理論化・体系化され、今日の保育として成立しているのは、偏にこれまでの歴史において、保育の重要性を訴え、それを実現しようとした先人たちの努力と奮闘の結果なのである。

　急速に変化する今日の社会が、保育の分野にも影響を与えることは言うまでもない。そのような状況にあって、流行のみを追いかけずに保育理念を基盤とする活動を実践するために、本章では保育の思想と保育施設の歴史を取り上げていく。

1．西洋の保育思想の歴史

　保育施設の誕生は、18世紀の後半を待たねばならない。しかし、さまざまな保育思想の萌芽は、ルネッサンス期から既に芽生え始めていた。そ

れらの中から、保育思想に特に影響を与えた人物について本節では取り上げたい。

コメニウス (Comenius, J. A., 1592-1670)

　体系的な幼児教育論がはじめて公にされたのは、コメニウスによってであった。彼は、「子どもは神からの贈り物である」と考え、その存在を重視した。彼のこの姿勢は終生変わらず、コメニウスは子どもの教育とその改革の必要性を生涯に亘って論じ続けた。人間が神の姿を似せて作られた存在である以上、あくまで人間として、全知であり全能である神の似姿 (imago dei) という人間の完成形に向けて一歩ずつ近づいていかなければならないという考えが、コメニウスの教育思想の根底には存在している。

　コメニウスは、彼の主著である『大教授学』及び『汎教育』において、幼児期以降の教育と関連させた幼児教育論を展開した。彼は、『大教授学』において学校階梯を6年毎に4段階に分け、その最初の段階を0歳から6歳の乳幼児を対象とした「母親学校」と定めた。コメニウスは名前こそ学校と名づけているが、この学校は、保育者が乳幼児を預かって保育活動を行う施設を指すのではなく、母親が子どもを育てる育児の場を指している。尚、コメニウスは『汎教育』において、一人の母親が自宅を開放し、地域の子どもたちを育てるという今日の保育施設の原型ともいえる学校像を論じている。また、同書において彼は、世界最初の図入り教科書とされる『世界図絵』を乳幼児向けの絵本として利用する構想も描いている。

　コメニウスは、『大教授学』において、全ての教育が子どもにとって僅かな労力で、愉快に、着実に実施される必要性とその実現可能性を論じている。この書において彼は、人間教育の最初の段階である母親学校で乳幼児が生活する時期を、その後の人間形成の基礎となる重要な時期と捉えている。『大教授学』の補完書ともいうべき『母親学校の指針』においてコメニウスは、母親学校の段階で人間教育の全て、すなわち宗教・道徳・学術全般に関して、子どもの発達に応じた適切な教育がなされるべきであると強調した。彼のいう適切な教育は、子どもの感覚を通して実施される教育であり、言葉そのものを教える教育ではなく言葉と事物を関連させて教え

る教育であった。また、幼児期における遊びを無駄な行為ではなく、子どもの発達に必要な活動であると論じたコメニウスの主張は、当時において画期的であったといえよう。コメニウスの論じたこれらの教育思想は、その後のヨーロッパの教育論に直接間接を問わず大きな影響を与えた。

ルソー (Rousseau, J.J., 1712-1778)

コメニウスと並んで、その後の幼児教育論に大きな影響を与えた思想家として、ルソーが挙げられる。彼は子どもという存在にその独自性を見出し、自身の執筆した教育小説『エミール』において「子どもは獣であっても成人した人間であってもならない。子どもでなければならない。」と訴えた。彼のこの主張こそ、ルソーは子どもの発見者であるとされる所以なのである。乙訓は、ルソーの思想について「児童中心の立場を明確に述べていて、とりわけ子どもがいかに要保護的・要教育的な存在であるかということを論じているのである。（中略）今日の子どもの権利・子どもの人権という考えも、このルソーの児童観にその思想的淵源があるといってよい」と指摘している。したがって、ルソーは、今日の保育・教育思想に最も影響を与え続けている思想家の一人と言っても決して過言ではないであろう。この点においてルソーは、児童中心主義の先駆者であったのである。

『エミール』の第一編の書き出しにおいて「万物をつくる者の手をはなれるときすべてはよいものであるが、人の手にうつるとすべてが悪くなる」と訴え、当時のヨーロッパの伝統的な教育を批判した。彼は、当時行われていた暗記主義の教育や観念的な教育を、子どもに内在する自然を無視した積極教育であると捉え、これを鋭く批判した。そして、ルソーは『エミール』において、子どもに内在する善なる本性の自然な発達に基づいた教育を重視する消極教育 (l'education negative) という思想を展開した。すなわち、子どもを統制したり、必要以上に子どもに介入するのではなく、子どもの活動や発達を見守り、尊重する自然主義の教育の重要性を論じたのである。

ペスタロッチ (Pestalozzi, J.H., 1746-1827)

　ルソーの教育思想に強い影響を受け、彼の教育思想の実現に奮闘した教育実践家に、ペスタロッチがいる。乙訓は、ペスタロッチにおける幼児教育の目的について、人間本性の最善の感情と結びついた興味を刺激する動機を与えることなのであり、自立的な行為への準備であると指摘する。すなわち、ルソーの訴えた子ども観や自然主義教育を、現実に即した教育形態として提示し実践したペスタロッチの功績の一つは、幼児教育思想と幼児教育実践を結びつけたといえるのである。

　ペスタロッチは、フランス革命、及びその後の戦乱で生じた孤児や浮浪児のための孤児院教育を通じて、子どもの生活に根ざした教育の重要性を見いだし、生活と乖離した知識を教える当時の主知主義教育を批判した。「生活が陶冶する」(Das Leben bildet) と訴え、生活に即した教育の必要性を述べたペスタロッチの幼児教育の根本原理として、①基礎陶冶の原理、②合自然の原理、③直観の原理、④生活圏の原理の四つが挙げられる。

　基礎陶冶の原理は、人間の普遍的な本性すなわち道徳的、知的、身体的な諸能力や資質を相互に調和した形で形成していく原理である。ペスタロッチは、幼児教育においては、特に道徳的諸能力の発展が必要であると論じている。合自然の原理は、人間本性に内在する自己発展の衝動や欲求を基礎に捉える原理である。そして、これらの衝動や欲求を尊重し、陶冶主体である子どもたちの興味や関心を重視したうえで高尚な人間的能力を形成していく原理でもある。直観の原理は、合自然の原理を支える原理であり、自然そのものの直観、すなわち興味や関心の対象について、思考せずに認識する作用こそが人間教育の本質的な基礎であるという原理である。子どもたちに抽象的な概念を生じさせるためには、彼らの日常の直観と経験に基づいて子どもたちの学習をより高い視点に導く必要があり、それを達成するためには、彼らのよりよい感覚を全面的に刺激する必要があるとする原理である。つまり、正義や義務などの概念を教えるために、単に言葉によってのみ概念を教えるのではなく、子どもがその概念の本質に至る日常生活の経験を通じて段階的に認識させていく原理である。生活圏の原理は、家庭の生活圏内、特に家庭生活の中心である居間での生活を子ど

の本性の発展と陶冶の起点と考える原理である。また、母親から授かる愛や信頼と、父親から授かる生活の知恵や技術こそが、幼児教育の原点と考える原理でもある。以上の原理を整理すると、子どもの生活から出発し、生活の中で学んでいくという原理こそ、「生活が陶冶する」という言葉が示す教育原理なのである。

　上述した原理は、その後の保育・教育実践家に多大な影響を与えた。ペスタロッチが経営した学園は、次節にて論ずるフレーベルがそこで教師として勤務しながら学んだり、オーエンが視察に訪れたりするなどした。また、ペスタロッチの教育思想は、ヨーロッパに留まらずアメリカにも紹介され、ペスタロッチ運動（Pestalozzian Movement）という一大思潮となった。ペスタロッチ運動は、太平洋をも越えて、開国間もない明治期の日本の教育にも影響を与え、彼の著作物は、今なお多くの保育・教育者に読み続けられているのである。

　上述した3名の思想家に共通している思想は、教育の変革を通じてよりよい社会への変革を意図していた点である。戦乱の時代を過ごしたコメニウスは、教育を通じて平和な社会が実現できると訴えた。市民の権利が平等な社会の実現を目指したルソーは、『エミール』をはじめ、『人間不平等起源論』や『社会契約論』等を執筆した。ペスタロッチは、平等な社会の実現にあたって必要な、貧困問題解消の糸口を教育に求め、その達成のために奮戦した。保育施設誕生以前の思想家たちが意図した、教育を通じて人間の不幸と悲惨を減らしたいという思いは、今日の保育に携わる人間にとっても極めて重要であるといえよう。

2．西洋の保育施設の歴史

　前節にて論じた思想家からの影響を受け、18世紀後半より保育施設が誕生しはじめた。本節では、それらのうち、特に今日の保育施設の原型ともいえるものについて、人物と施設とを関連させて取り上げてみたい。

オーベルラン (Oberlin, J.F., 1740-1826)

　ルター派の牧師だったオーベルランは、フランス北東部（現在のバ＝ラン県）に赴任し、貧困に苦しんでいた地域の立て直しに取り組んだ。彼は、積極的に経済発展を図り、それは少しずつ功を奏していった。しかし、親が働いている間、子どもは放任されてしまっていた。放任された子どもを擁護し教育する必要性を感じたオーベルランは、1769年に「幼児保護所」を設立した。今日においてこの施設は、世界初の保育施設として認知されている。ここでは、6歳くらいまでの母親が働いている幼児を保育していたが、そのほかにも6歳以降の児童を対象とする中間学校と大人を対象とする学校が併設されていた。この学校は、婦人たちに生業として編み物を教えていたので、一般に「編物学校」と呼ばれていた。

　「幼児保護所」で子どもたちは、年少と年長の二組に分かれ、それぞれに応じた生活を行った。また、この施設は、子どもを保護するだけでなく、教育活動も行った。具体的には、楽しく遊ぶことを施設生活の中心におきながら、糸紡ぎや編み物を教えたり、自然に親しむ活動を行ったり、フランス語や聖書などを学ばせたりしたという。「幼児保護所」の保育実践は、その後、フランスだけでなくヨーロッパの国々に影響を与えていった。

オーエン (Owen, R., 1771-1858)

　18世紀後半からヨーロッパでは産業革命が起こり、工業化と都市化が進んだ。その結果、それまで、家庭内手工業や農業を中心としていた階層の人々は、家を離れて工場で勤務するようになっていった。子どもたちも6歳前後で工場において働くようになり、10時間以上も労働者として工場で過ごすという生活も、決して珍しくなかった。親も兄弟も工場で働くようになった結果、乳幼児は家に取り残され、彼らの面倒を見る者は少なかった。このような状況が最も進んだのが、世界に先駆けて産業革命を果たしたイギリスであった。

　この問題の解消に取り組んだのが、オーエンであった。空想的社会主義者としても知られるオーエンは、二十代の若さで紡績工場の経営に携わり、1812年以降は1802年に成立した工場法の改正運動に力を注いだ。そして、

彼は、1816年に労働者の好ましくない家庭に置かれた子どもたちのために、スコットランド内で自身が経営するニュー・ラナークの大工場内に性格形成学院 (The New Institution for the Formation of Character) を開設した。この学院は、いわば今日の就学前の保育・教育施設と初等教育施設が一体となった施設であり、1歳から6歳までの課程のほか、6歳から10歳までの課程があった。また、冬季の夜間には、10歳以上の子どもたちと青年が、同学園で読み書きや計算の他、裁縫や編み物等を正規教員から教わっていた。同学院の設立目的は、工場を中心とした社会の環境の改革と、そこで働く労働者階級の習慣や情操の改善であった。また、外的環境の改革によって住民や子どもたちの性格を改善するための保育・教育の場の構築であった。

　性格形成学院は、1階中央には約30平方メートルの広さの遊戯室と、その左右に二つの幼児教育のための部屋があり、2階には約72平方メートルの広さの講堂と学習室を有していた。また、建物前面には柵に囲まれた運動場があった。同学園では幼児期における保育・教育内容として、一般的な学習に至る前の幼児は、特に身体を強健にするためにできる限り屋外での活動や体育が推奨されていた。具体的には、子どもたちは、2歳になるとダンスが、4歳以上になると声楽や楽器の演奏が正規の教師によって教えられた。また、同学園の保育・教育方法の特質として、子どもの直観に訴える壁掛け図や模型や実物を用い、場合によっては学園の外に自然等を直接見学に向かう教育や、体罰やそれによる恐怖感が子どもたちに全く見られなかった点が挙げられる。この学院を参考に、その後のイギリスの幼児教育は制度化されていった。

フレーベル (Fröbel, F.W.A., 1782-1852)

　フレーベルは、今日の幼稚園という保育施設を確立した人物として知られている。今日我が国において使用されている幼稚園という名称も、彼が1840年に普遍的ドイツ幼稚園 (Allgemeine Deutsche Kindergarten) と名づけた学園名に由来している。この施設は、1837年にドイツのバート・ブランケンブルグに創設した「幼児と青少年の作業衝動を育成するための施設」

と命名した、幼児のための遊具製造施設がその前身であった。前述したペスタロッチの学園において、教師として勤務しながらその思想を学んでいったフレーベルは、ペスタロッチの思想を発展させ、フレーベル自身の宗教観である神の遍在性に基づいた保育活動の普及と保育思想の体系化に努めた。

　前述したオーエンが、労働によって子どもの養育が難しくなった親に代わり、工場に付設した学園で子どもを保育・教育しようと中心としたのに対し、フレーベルは、ペスタロッチ同様、保育の中心はあくまで家庭であり、子どもの母親であると考えた。そのため、1839年には、上述した児童指導者の養育施設に「児童指導者の養成施設」が併設され、教師の訓練や若い女性を保母として教育した。普遍的ドイツ幼稚園開設後もフレーベルは、幼稚園と女性保育者の施設を新たに設立したり、女性保育者のための養成講座を開講したりし、保育思想の普及とその保育を実践する女性保育者の育成に尽力した。

　フレーベルの幼稚園の理念として、次の4点が挙げられる。第一に、子どもの発達の最高の段階であり最も純粋な精神の所産である、遊びと遊戯による保育の実践である。第二に、子どもがただ保育されればよいという外的な必要を充たす託児所ではなく、子どもの身体的、知的、道徳的な全面的発達を社会と自然と宗教との関連において配慮する保育の実践である。第三に、フレーベルの幼稚園が子どもの幼児教育の施設というだけでなく、母親のために、世話や用事、子どものための教育的保育を引き受けられる保母や女性教師の養成である。第四に、子どもの作業衝動に教育的意義を付与するための遊具である恩物の使用方法の普及と徹底を図ることである。神からの贈り物という意味を持つ恩物（gabe）は、フレーベルの行った保育の特徴である。6色の毛糸をそれぞれ丸めた球体の第一恩物を筆頭に、木片で造られた球や円柱や立方体や、木の実を模した欠片等の20種類が存在する。それらは、子どもの精神的、身体的な発達に即応して簡単なものから複雑なものへと順序立てて子どもへと提供され、子どもは恩物を使った遊びによって身体的・精神的な発達が促進されると考えられた。フレーベルの保育理念は、特に恩物の使用法について後年批判された。しかし、

彼は、それまで託児所的な役割しかなかった保育施設に子どもの発達段階に即した教育的要素を全面的に取り入れた、幼稚園という新たな保育施設の概念を生み出した思想家・実践家として、今日においても世界的に高い評価を得ている。

モンテッソーリ (Montessori, M., 1870-1952)

　19世紀の後半になると、医学や心理学などの分野の科学的研究が進展した。これらの研究結果に基づいて、保育に科学的な視点を取り入れ、実践した人物が、モンテッソーリであった。1896年にイタリアにおいて女性初の医学博士の学位を取得したモンテッソーリは、障害児の治療と教育の研究を進めていった。その研究で得られた知見が全ての乳幼児に適応できると考えた彼女は、1907年にローマのスラム街であるサン・ロレンツォ地区の保育に欠ける3歳から6歳までの子どもたちの世話と指導を目的として、屋内学校である子どもの家 (Casa dei bambini) を設立した。この保育施設は、それまでの彼女の研究成果を基に考案された感覚教具 (sensory materials) や、実生活の訓練としての家事仕事を導入した。また、同施設は、椅子や机等の生活用品全てを子どもが扱いやすい大きさに整え、子どもたちが落ち着いて生活できる環境を整えた。乙訓は、モンテッソーリの教育方法の原理について、子ども自身の発達への自由ないし自発性を尊重する原理と、子ども同士の協働や同情や相互援助といったコミュニケーションの欲求を尊重する社会ないし共同体の原理であると指摘している。これらの原理こそが、モンテッソーリの保育方法の基盤であるといえよう。

　モンテッソーリの考案した保育方法は、彼女自身が考案した感覚教具の使用がその特徴として知られている。この保育方法は、前述したフレーベルの恩物のように使用方法に制限はない。感覚教具は、子どもが感覚教具を使用した作業で同じ課題を正確に注意深く何度も繰り返して集中して行う活動のための道具と位置付けられている。そして、感覚教具を使用した一連の集中した作業こそが、子どもを本当に変え、子どものいけない点を消し、新しい人格を創造すると彼女は考えていた。彼女は、これを正常化 (normalization) と呼び、正常化こそ子どもが到達すべき目標であると主張

した。同施設で行われた保育活動は、19世紀末から20世紀初頭にかけて世界中で巻き起こった新教育運動(New Education Movement)の一つとして普及・拡大し、今日においてもモンテッソーリ教育法(montessori Method)として世界中の多くの保育施設で実践されている。

マクミラン姉妹 (Macmillan, R., 1859-1917 & Macmillan, M., 1860-1932)

前述したオーエンの学院を参考として、イギリスの保育施設は、貧しい子どもたちを対象とした無料の保育施設として広まっていった。しかし、オーエンの意図した保育・教育とは異なり、イギリスの保育施設は、読み書きと計算などの知識を詰め込んでいた。そのような状況であっても1870年代以降には、フレーベル主義の幼稚園がイギリスに普及していった。また、知識を詰め込む保育の弊害が、子どもたちの衛生の悪化・体力低下の問題として表れた。その結果イギリスにおいては、社会から求められる保育が、知識を詰め込むような保育から、健康を第一とし家庭ではできないような遊びを中心とした保育へと徐々に変化していったのである。

マクミラン姉妹は、1911年、最初の野外学校(Camp School)を設立し、1914年には野外保育学校(Open-air nursery school)を設立した。大自然(open-air)の澄んだ空気の中で、日光を浴びながら保育活動を行う、子どもの身体を壮健にする目的で経営されるオープン・エアの保育施設は、彼女たちが創設したとされている。しかし、マクミラン姉妹の保育学校は、前述したペスタロッチ、オーエン、フレーベル等の影響を受けて、設立されたと考えられよう。

姉のレイチェルは保健婦としての、妹マーガレットは教育委員としての経歴を生かし、協力して戸外保育学校の設立とその普及運動に尽力した。この施設は、栄養ある食事、新鮮な空気、規則正しい睡眠、健康な習慣の形成、友達との遊び、自由な活動に恵まれた望ましい施設として注目された。また、この学校は、読み書きと計算ではなく、子どもの発達に即した保育活動が重視されたことや、子どもが暮らす家庭のような異年齢・少人数・小規模の集団での生活となるよう配慮されたことも評価されている。今日のイギリスにおいて、マクミラン姉妹が推進した野外保育学校の理念

とそれに基づいた実践は、今なお実践され続けているのである。

　以上、本節では人物と保育施設を関連させて論じてきた。時代背景が異なる保育思想家・実践家たちであるが、彼ら彼女らに共通している点は、如何にして保育という営みをよりよくするか考え、その考えを実践していった点であろう。本節で取り上げた保育施設を設立した人物の試行錯誤の歴史の上に今日の保育施設は成立している。目の前にいる現実の子どもたちにとって、何が必要でそのためにどうすればよいか絶えず考え、先人と同様に試行錯誤し続けることが、保育に携わる人間には求められているといえよう。

参考文献
大場幸夫ほか著『新訂保育原理』教育出版、2000年。
乙訓稔著『西洋近代幼児教育思想史』東信堂、2005年。
乙訓稔著『西洋現代幼児教育思想史』東信堂、2009年。
柴崎正行編著『保育原理』同文書院、2003年。
田中未来・久保いと著『保育原理』川島書店、1993年。
長尾十三二著『西洋教育史 第二版』東京大学出版会、1991年。

第5章　日本の保育思想と保育施設の歴史

田中　正浩

1．日本の保育思想

児童中心主義保育―倉橋惣三(くらはしそうぞう)―

　我が国における幼児教育・保育の草創期は明治時代であり、幼児教育・保育の基礎となる思想や理論が確立されたのは大正、昭和時代にかけてと言える。遡れば多くの先覚者たちが我が国の幼児教育・保育の創造に尽力し、その礎を築いてきた。ここでは我が国の幼児教育・保育の進歩、発展に寄与してきた代表的な先覚者の思想や理論について概観する。

　我が国の幼児教育・保育を語る際に欠かせない先覚者の一人に倉橋惣三(1882－1955)がいる。幼稚園の創始者で「幼児教育の父」と称えられたフレーベルに倣い、「日本のフレーベル」「日本の幼児教育の父」と呼ばれてきたことからもその存在の大きさが窺える。幼児教育・保育界の先駆者であり、指導的立場にあった倉橋の思想や理論は連綿と受け継がれ、現代の幼児教育・保育の思想や理論の基底をなしていると言っても過言ではない。東京女子高等師範学校(現在のお茶の水女子大学)教授で、後に東京女子高等師範学校附属幼稚園主事(園長)を兼任した倉橋は、主事の立場にありながら幼稚園が形式的なフレーベル主義に陥ってきたことを批判する。著書『幼稚園真諦(ようちえんしんたい)』にある「フレーベルの精神を忘れて、その方法の末のみを伝統化した幼稚園を疑う。定型と機械化とによって幼児のいきいきしさを奪う幼稚園を慨く。幼児を無理に自分の方へ捕えて幼児の方へ赴き即こうとするこまやかさのない幼稚園を忌む。つまりは、幼児を教育すると称して幼児を先ず生活をさせることをしない幼稚園に反対する」との叙述から

は、幼稚園が形式的なフレーベル主義、特に恩物の操作を中心とした保育になっていることと、幼児の自発的な遊びからなる幼稚園生活を軽視していることへの批判を読み取れる。ときにエピソードとして語られる、使用法が定められていた二十一ある恩物をすべて竹籠に入れ、園児の玩具として用い、また保育内容である「会集」を廃止したことなどは、このような倉橋の思いの現れであり、日々の実践の中で子どもとかかわりながら自身の理論を確かめつつ構築してきたことを窺わせる。

　倉橋の理論は、『幼稚園真諦』の中で「誘導保育論」として展開されている。「誘導保育論」を簡潔に定式化するならば「幼児のさながらの生活－自由・設備－自己充実－充実指導－誘導－教導」となる。これは幼児の「さながらの生活」、つまり、ありのままの生活を大切にし、その生活の中で幼児が自由に主体的に活動しながら自己充実できるように保育者が環境を整え、より高次な生活へと誘導していくというものである。倉橋は、子どもたちが日々の生活の中で行っていることに着目し、これら家庭や地域で経験していることは保育者の目には他愛のないこととして映るが、そこに目を向け、そこから出発すべきであるとする。その上で、このさながらの生活をそのままにしておくことをよしとするわけではなく、より充実した生活に高めていく必要性を説いている。「生活を、生活で、生活へ」という倉橋の言葉は、子どものあるがままの生活を捉えて、その自然で自由な生活に基づいた保育の展開を主張したものである。したがって、保育者は、子どもに内在する発達する能力を見出し、その能力が育つための環境を整え、生活や遊びのなかで子どもの自発的活動力や充実感を満たしていくことを援助していくということになる。

　1935（昭和10）年に著した『系統的保育案の実際』では、子どもの生活全体を見通して作成する保育案の重要性についても示している。我が国の幼稚園教育において中心的役割を担ってきた東京女子高等師範学校附属幼稚園にあって、幼児教育・保育を恩物中心から解放し、子どもの生活を重視した幼児教育・保育に変えたことは倉橋の功績のひとつである。

社会中心主義保育—城戸幡太郎—

　当時の幼児教育・保育界の主流をなしていた倉橋惣三の児童中心主義に基づく理論や実践を批判したのは、心理学者であり、教育学者の城戸幡太郎(1893－1985)である。子どもの現実に向き合うその思想や理論から社会中心主義と称された。城戸は、1936(昭和11)年に「保育問題研究会(保問研)」を設立し、会長に就き、理論的支柱として活躍した。城戸は、倉橋の保育論が子どもの自己中心性に目を向けていないという批判に対し、その克服をめざして論を打ち立てた。昭和初期の社会状況のなかで、従来の自由保育や誘導保育では対応が難しいと考えられるようになってきたなか、子どもが将来、生活していく厳しい現実を見据え、次代の社会を担っていく我々の子どもとしての観点から幼児教育・保育を展開していく必要があると、社会中心主義の保育を主張したのである。これは子どもの興味・関心に応え、迎合するのではなく、「それ(幼稚園、保育所)が子どもの生活環境を改造していくための教育的計画であるからには、何よりも先づ子どもの自然である利己的生活を共同的生活へ指導していく任務を負はねばならぬ」『幼児の教育』と、共同生活の訓練や系統的な教育により、子どもの生活内容を豊かにしていくことをめざしたものである。城戸は、「社会協力」の精神を育てること、つまり、社会性を育成することの重要性を示し、子どもの教育は個人や家庭に任せておくわけにはいかず、国が責任を持たなければならないと、家庭で育成できない社会性を幼稚園や託児所で育成する必要があると考えたのである。城戸は、子どもを未来の社会を形成していく主体として捉え、大人が子どもを導くことの必要性を説き、保育の目的を「社会協力の訓練」とした。つまり「協同社会」を建設できるような生活力ある子どもの育成をめざしたのである。

　子どもの神性に目を向けたフレーベル、それに倣った倉橋とは対照的に、保育者は子どもの神性を手放しに認めるのではなく、社会現実を注視すべきであると、城戸は主張する。したがって、子どもの幸せを願う保育者に要求されるのは社会を見つめていく能力であるとする。このような城戸の考えは、これまでにない観点を保育者、あるいは保育者養成に与えることになる。城戸は、教養という言葉を繰り返し用いながら、「教師は生まれ

ながらにして教師であったのではなく、教養によって教師となったのである。教養とは人間にあるものではなく、人間がなることである。教育とは人間が生まれながら持っているものを引き出してやること…教育とは教養を与えることである。」(『幼児の教育』)と主張する。

フレーベルの形式主義批判―東基吉(ひがしもときち)、和田実(わだみのる)―

　明治末期、フレーベルの恩物中心の保育を批判したのが東基吉、和田実らであった。なかでも倉橋よりも僅かばかり前であるが、フレーベルの形式主義に陥った保育を批判していたのが東京女子師範学校教授であり、東京女子師範学校附属幼稚園批評掛であった東 基吉(1868－1958)である。東は、フレーベルの理論を学び、恩物そのものの価値を認めながらも、当時の恩物中心の形式的な保育を批判した。一方で幼児の自発的活動を重視し、遊戯はその唯一の方法であることを主張し、遊戯は子どもにとって自己を発現させ、身体と精神の両面を発達に導くとして、その教育的価値を強調し、1904(明治37)年に著した『幼稚園保育法』の中で遊戯を中心とする保育論を展開している。東は、保育方法の改善・改良は保育者養成の方法から改善・改良すべきであると説いており、これは当時としては先駆的なものであったと言える。

　和田実(1876－1954)は、東の遊戯論を発展させ、遊戯を中心とした保育の体系化を試みている。子どもの遊戯を重視する立場から、保育4項目に疑問を抱き、子どもの生活や遊戯を体系的に捉える必要性を感じ、1908(明治41)年、中村五六(なかむらごろく)と『幼兒教育法』を共に著し、遊戯を分類し、経験的遊戯から模倣的遊戯へ、さらに、練習的遊戯へと発展させる道筋を明らかにした。

2. 保育施設の成立経緯と発展

我が国初の幼稚園―東京女子師範学校附属幼稚園―

　ここでは幼稚園・保育所といった幼児教育機関・保育施設誕生の経緯を概観していく。我が国の幼稚園の始まりは、1876(明治9)年に開設された

官立(国立)の東京女子師範学校(現在のお茶の水女子大学)附属幼稚園とするのが定説となっている。実際には、1875(明治8)年、京都に「幼稚遊嬉場」といった保育施設が僅かな期間存在したとされるが、十分な発展を見ることなくまたその詳細も不明であるため、今日まで存立し、後続の施設に多くの影響を及ぼしてきた東京女子師範学校附属幼稚園に我が国の幼稚園の起源を見ることができる。

　その設立の経緯についての概略は次のようになる。東京女子師範学校摂理(校長)であった中村正直が、1875(明治8)年、附属幼稚園の創設を求めて太政大臣(総理大臣)に「幼稚園開設之義」を建議し、認可を受ける。翌1876(明治9)年には、当時としてはめずらしい洋館の園舎が竣工する。監事(園長)には、東京女子師範学校で英語を担当していた関信三が任じられ主席保姆(当時、幼稚園教諭を保姆と称した)に松野クララ(旧姓クララ・チーテルマン)、保姆に豊田芙雄、近藤濱、この他に２名の助手が加わった。幼稚園教育に関する専門知識・技術に精通していたのはフレーベルの保育者養成施設で学んだ経験のある松野クララだけであった。奇しくもドイツ・ベルリン留学中の農商務省役人松野礀と結婚し、東京女子師範学校で英語の教鞭を執っていたのであった。

　保育内容は、唱歌、修身話、庶物話、戸外遊び、恩物、遊戯、体操といった活動が主で、現在と同様の４時間という保育時間のなかで各活動が20〜30分で区切られており、あたかも小学校教育のような時間割保育になっていた。一握りの裕福な上流階級の子どもを対象としたものとなっていたようで、園児の多くは付き添い人に伴われ、馬車で送り迎えされるような華族や政府高官の子弟であり、一般庶民の幼稚園への関心は低かったようである。欧米諸国で展開されていたフレーベル主義の幼稚園運動を受けて開設された東京女子師範学校附属幼稚園であるが、実際のところ、当時の政府による幼児教育・保育への理解とその必要性の高まりから開園されたというよりも、明治維新を成し遂げた我が国が欧米列強に並ぼうと近代的文化を輸入し、そのひとつの近代的学校制度において設立されたと考えられる。したがって、上流階級や富裕階級による支持が背景にあるため一般庶民の子どもには門戸は開かれていないのが実情のようである。しか

しながら、我が国で初めて、しかも官立（国立）である東京女子師範学校附属幼稚園が保育施設の先駆的、中心的な存在として、後の幼稚園教育に多大な影響を及ぼしたことは銘記すべきことである。

その後の幼稚園

　東京女子師範学校附属幼稚園が開園した後には、本園を模範として全国各地に幼稚園が開設され、さらに民間幼稚園の開設が続いていくなか、幼稚園教育の統一を図るために、1899（明治32）年、文部省は初の幼稚園に関する総合的な規定として「幼稚園保育及設備規程」を制定した。幼稚園の保育内容や施設設備の基準を設けることで、幼稚園の性格が明確になったのである。保育内容は、「遊嬉」「唱歌」「談話」「手技」の四項目を示し、特に「遊嬉」を重視することで、従来のフレーベルの形式主義的な保育、特に恩物の操作中心の保育の転換が図られた。文部省は、簡易幼稚園の設置を奨励し、一般大衆への幼稚園教育の普及を試みた。しかし、幼稚園は労働者層には浸透せず、その後も中・上流階層の幼児のための就学前準備教育機関として普及していくことになった。

　1882（明治15）年には、文部省から貧しい家庭の子どもを幼稚園教育の対象とするとした簡易幼稚園開設の通達が出された。明治20年代に次々と開設されるが、同時に保育者不足が深刻になり、各地に保育者養成機関が設立された。1889（明治22）年に、アメリカ出身のハウ（How, A. L. 1852－1943）が、フレーベルの恩物中心の形式主義、技術主義を批判し、幼児の生活や活動の自律性、自発性などを尊重する保育を唱え、神戸に頌栄幼稚園を開園し、さらに頌栄保姆伝習所を設立した。我が国で初めてのキリスト教系幼稚園であり、保姆（幼稚園教諭）養成機関でもあった。ハウは、我が国の保育者養成を強く意識した一人であるが、他にも多くのキリスト者（教育者）が我が国の幼児教育・保育を支え、発展させようと保育施設や保育者養成機関を開設してきたことは特記することであろう。

　1899（明治32）年、我が国初の幼稚園単独法令である文部省令「幼稚園保育及設備規程」が制定され、幼稚園は家庭教育を補足する役割を担うことが明記された。また、保育者による一方的な押し付けの保育が批判され、

子どもの生活に即した内容が示されることとなった。保育内容は、「遊戯」「手技」「唱歌」「談話」であり、遊戯の重視と恩物の形式的な取り扱いを中心とした保育からの脱却が図られたが、「手技」は恩物を用いたものであったため保育者は相変わらず恩物の使用法に精通しなければならなかった。

　1911（明治44）年、幼稚園の規定が緩和され、幼稚園に託児所的な機能が認められ、大衆化が図られた。1926（大正15）年、小学校令から独立した「幼稚園令」が制定され、幼稚園の地位が明確になった。つまり、幼稚園が小学校とは異なる独立した幼児教育施設であるという位置づけがなされたのである。

保育所の成立経緯

　我が国の保育所の歴史は、子守学校がその始まりであるともいえる。そうであれば明治8年頃にはそのような動きが見られており、それをもって保育所の起源ということもできる。また、保育所は、幼稚園よりその設立は遅れ、一般家庭の子どもたち、特に貧しい家庭の子どもたちに対して、救済的な形式で託児事業を始めた赤沢鐘美の新潟静修学校が起源といえる。開設されたのは、1890（明治23）年で、低所得の勤労階級の幼児のための託児所として新潟市内に開設された。これは赤沢鐘美・仲子夫妻が経営する私塾「新潟静修学校」に付設され、そこに通う子どもたちが連れてくる幼い弟や妹を仲子が授業終了まで預かり、楽しく遊ばせながら保育を行ったことに始まる。この取り組みは、共働きをせざるをえない貧しい家庭の人々から感謝され「守孤扶独幼稚児保護会」として運営されていくことになる。また、働く母親のために職場内に開設された託児所としては、キリスト教人道主義者らによる二葉幼稚園がある。二葉幼稚園は、華族女子学校附属幼稚園（後の学習院幼稚部）に勤めていた野口幽香、森嶋峰が、1900（明治33）年、東京麹町のスラム街に開設した。後に1916（大正5）年、二葉保育園と改称される。

　また、石井十次が、1909（明治42）年、岡山孤児院附属愛染橋保育所を大阪のスラム街に開設した。保育方法、内容としてペスタロッチの労作教

育が導入されていたことを付記しておきたい。

このように、これまで幼稚園と相互補完的な役割を果たしてきた託児所は、1947（昭和22）年に制定された「児童福祉法」により名称を保育所に改めることになる。戦後、保育所は孤児や浮浪児の救済といった慈善事業から社会事業に移行し、位置づけられ、子どもを保護するための対策ではなく、子どもに対する福祉であり、その責任主体が国及び地方公共団体と移り、加えて言えば保育士（当時は保母）の地位・身分については、その資格の規準が定められていくことになる。

参考文献

日本保育学会『日本幼児保育史』第一巻～六巻　フレーベル館、1968年。
文部省『幼稚園教育百年史』ひかりのくに、1979年。
日本保育学会編著『保育学の進歩』フレーベル館、1977年。
江藤恭二・宍戸建夫『子どもの生活と教育の歴史』川島書店、1966年。
倉橋惣三『倉橋惣三選集』第二巻　フレーベル館、1971年。
城戸幡太郎『幼児の教育』福村書店、1950年。
上笙一郎・山崎朋子『日本の幼稚園』筑摩書房、1994年。

第6章　保育所と幼稚園の目的

酒井　幸子

はじめに

　保育所も幼稚園も小学校就学前の幼い子どもたちが通う施設である。また、遊びや生活を通して保育・教育を行っている。一見両施設は、内容的にも同じようなことをしているために同一視され、その違いや共通点、目的や目標等を的確にとらえている人は少ないと言ってよい。これから保育者になりたいと勉学に励む学生の皆さんもまた、双方の違いをしっかり把握しないままに、「子どもが好きだから関係する職種に就きたい」、「小さい時から幼稚園の先生に憧れていた」、「中学生の時、職場体験で保育所に行った時から保育士になろうと決めていた」といった自分なりの漠然とした保育者像を描きながら、将来の夢を温めているのではないだろうか。
　しかし、実習にしても、就職を考えるにしても、保育所や幼稚園がどのような目的や目標のもとに設立・運営されているのか、子どもたちへの指導や保育は何を根拠に行われているのか、機能や役割は何か等について理解を深めることは極めて大切である。
　そこで、この章では、養成校での勉学を深め、実習等がより実りあるものとなり、自分の将来像を知識や意図をもって描けるようにという願いをもって記述を進めていく。保育所、幼稚園それぞれの目的や目標、機能や役割について学び、両施設への理解を深めていく。またここでは触れないが、現在、保育所と幼稚園双方の機能を併せ持ついわゆる「認定こども園」等、幼保一体型の施設が増加傾向にあり、その目的や役割等についても今後注視していく必要があろう。

本論に入る前に、昭和22年3月31日に制定され、60年振りに改正された教育基本法第2章に初めて掲げられた幼児期の教育について記述する。同法への位置づけは、他との比較においても幼児期の教育の重要性が認められたものであり、大変意義深いことである。

> 教育基本法第2章第11条（幼児期の教育）幼児期の教育は、生涯にわたる人格形成の基礎を培う重要なものであることにかんがみ、国及び地方公共団体は、幼児の健やかな成長に資する良好な環境の整備その他適当な方法によって、その振興に努めなければならない。

1. 保育所の目的と目標──保育所を理解しよう

（文中下線は筆者による。以降同様）

保育所の目的──子どもの最善の利益を願って

保育所は、下記のように、乳児院、児童養護施設などと共に「児童福祉法」で定められた児童福祉施設の一つとして規定されている。

> 児童福祉法　第7条
> 　この法律で、児童福祉施設とは、助産施設、乳児院、母子生活支援施設、保育所、児童厚生施設、児童養護施設、知的障害者施設、知的障害児通園施設（～中略～）児童自立支援施設及び児童家庭支援センターとする。

では、法律で児童福祉施設として規定される「保育所の目的」はどのようなものであろうか。その目的は、同じく「児童福祉法」に次のように定められている。

> 児童福祉法　第39条
> 　保育所は、日日保護者の委託を受けて、保育に欠けるその乳児又は幼児を保育することを目的とする施設とする。

「保育に欠ける」とは、保護者が働いていて子どもの面倒を見ることが出来ない、保護者自身が疾病を持っている、家族に看護を必要とする人がいるなど、何らかの理由があって家庭で子どもを保育することが出来ない状況を言う。

一般に、家庭で子どもの世話をすることができない場合、すなわち保育に欠けるといった場合、すぐに思い浮かぶのは保護者の就労という状況で

あろう。しかし、保育に欠けるというのは、ほかにも様々な状況があるということに留意しておこう。

さて、「保育所の目的」は、これらの法律で定められていることは理解できたと思う。その目的をさらに達成するために、「保育所保育指針」（以下指針という）第1章総則2.保育所の役割　では、目的や役割、機能について次のように述べている。

(1) 保育所保育の目的

　　保育所は、児童福祉法（昭和22年法律第164号）第39条の規定に基づき、保育に欠ける子どもの保育を行い、その<u>健全な心身の発達を図る</u>ことを目的とする児童福祉施設であり、入所する<u>子どもの最善の利益</u>を考慮し、その福祉を積極的に増進することに<u>最もふさわしい生活の場</u>でなければならない。

下線を付したが、目的のさらなる達成のためにこの条文には大切なキーワードがある。

- <u>心身の健全な発達を図る</u>…保育所は対象とする子どもの年齢が幅広い。目的を達成するために、年齢毎の発達の過程や、それぞれの子どもの発達に関わる個性や特性をも考慮することが重要であろう。
- <u>子どもの最善の利益</u>…子どもの最善の利益は、子どもの権利を象徴する言葉として国際社会等でも広く浸透している。保護者を含む大人の利益が優先されることを牽制し、子どもの人権を尊重することの重要性などを表している。しかし、子どもや家庭によって、何が最善の利益になるかは、同一でないことも心しておきたい。
- <u>最もふさわしい生活の場</u>…子どもが様々な人と出会い、関わり、心を通わせながら成長していくために、乳幼児期にふさわしい生活の場を豊かにつくりあげていくことは極めて重要である。そのための保育所の役割や機能は、少子化やライフスタイルの変化、価値観の多様化等が要因となって、今日、ますます増大している。

(2) 保育所の特性

　　保育所は、その目的を達成するために、保育に関する<u>専門性を有する職員</u>が、<u>家庭との緊密な連携</u>の下に、子どもの状況や発達過程

を踏まえ、保育所における環境を通して、養護及び教育を一体的に行うことを特性としている。

- 専門性を有する職員…保育所においては、保育士をはじめ看護師、栄養士、調理員など、専門性を有する職員が、それぞれの専門性を認識し、保育という実践の場で、その専門性を発揮し、連携して取り組むことが大切である。
- 家庭との緊密な連携…保育は保護者と共に子どもを育てる営みである。保育所には、より積極的に乳幼児期の子どもの育ちを支え、保護者の気持ちにも寄り添いながら、保護者の養育力の向上につながるよう、保育所の特性を生かして支援することが求められる。
- 養護及び教育を一体的に行う…養護と教育の一体性については、指針第3章保育の内容で述べられている。一日の大半を、家庭を離れて保育所という場で過ごす子どもたちが安心して過ごせるよう養護するとともに、子どもが健やかに成長・発達するよう援助するなど、教育と養護とは相互に関連しながら一体的に行われるものであることを、認識する必要がある。

保育所の目標――保育士等の共通理解のもとに

　保育所の「保育の目標」は、指針第1章総則3．保育の原理　(1)保育の目標　として述べられている。まずは「保育の原理」とは何かというリード文の内容を、十分に受け止めることが大切である。リード文では、「保育の原理」とは、子どもの保育に携わる者の原理原則として、すべての保育所が共通に理解、認識すべきものであるとしている。また、「保育の目標」を達成するためには、保育所のすべての職員が、どのように保育したらよいかを理解し、保育の環境に留意しながら実践を重ねることの必要性を述べている。

　次に「保育の目標」を掲げる。

(1) 保育の目標

　ア　保育所は、子どもが生涯にわたる人間形成にとって極めて重要な時期に、その生活時間の大半を過ごす場である。このため、保育所の保育は、

子どもが現在を最も良く生き、望ましい未来をつくり出す力の基礎を培うために、次の目標を目指して行われなければならない。

(ア) 十分に養護の行き届いた環境の下に、くつろいだ雰囲気の中で子どもの様々な欲求を満たし、生命の保持及び情緒の安定を図ること。
(イ) 健康、安全など生活に必要な基本的な習慣や態度を養い、心身の健康の基礎を培うこと。
(ウ) 人との関わりの中で、人に対する愛情と信頼感、そして人権を大切にする心を育てるとともに、自主、自立及び協調の態度を養い、道徳性の芽生えを培うこと。
(エ) 生命、自然及び社会の事象についての興味や関心を育て、それらに対する豊かな心情や思考力の芽生えを培うこと。
(オ) 生活の中で、言葉への興味や関心を育て、話したり、聞いたり、相手の話を理解しようとするなど、言葉の豊かさを養うこと。
(カ) 様々な体験を通して、豊かな感性や表現力を育み、創造性の芽生えを培うこと。

イ　保育所は、入所する子どもの保護者に対し、その意向を受け止め、子どもと保護者の安定した関係に配慮し、保育所の特性や保育士等の専門性を生かして、その援助に当たらなければならない。

- 子どもと保護者の安定した関係…保育所には、子どもの成長や発達を促すために、保護者が子どもへの愛情をふくらませ、子育てを楽しいと感じられるよう、親子の安定した関係づくりが大切な役割として求められる。

2. 幼稚園の目的と目標——幼稚園を理解しよう

幼稚園の目的——目的の変遷からみる

幼稚園は、次に記すように、小学校や中学校等と同じく学校教育法(昭和22年3月31日制定、平成19年6月27日改正)に規定される「学校」として位置づく。

> 学校教育法　第1章総則
> 第1条　この法律で、学校とは、幼稚園、小学校、中学校、高等学校、中等教育学校、特別支援学校、大学及び高等専門学校とする。

　今回（平成19年）の改正で、幼稚園は学校種のはじめに位置づけられた。しかし、昭和22年の制定当初は、「この法律で学校とは、小学校、中学校、（〜中略〜）及び幼稚園とする。」として最後尾となっていた。このいきさつには諸々の説があるが、子どもの発達の視点から捉えれば、今回の改正で学校種のはじめに位置づけられた意義は極めて大きい。

　では次に、学校として規定されている幼稚園の目的について触れていこう。幼稚園の目的は、同じく学校教育法に次のように規定されている。

> 学校教育法　第3章　幼稚園
> 第22条　幼稚園は、義務教育及びその後の教育の基礎を培うものとして、幼児を保育し、幼児の健やかな成長のために適当な環境を与えて、その心身の発達を助長することを目的とする。

　昭和22年制定当時から60年間、幼稚園の目的は、「幼稚園は幼児を保育し、適当な環境を与えて、その心身の発達を助長することを目的とする。」であった。2箇所の下線部分は、今回の平成19年の改正で挿入されたものである。幼稚園教育が子どもの基本的な生活習慣や態度を育て、道徳性の芽生えを培い、学習意欲の基礎となる好奇心や探究心を養い、創造性を豊かにするなど、小学校以降における生きる力の基礎や生涯にわたる人間形成の基礎を培う上で重要な役割を担うことなどを考慮したものと考えられる。

　また、同法第24条には、第22条に掲げた目的実現のための教育を行うほか、家庭及び地域における幼児期の教育の支援に努めることの必要性が明記されている。

　幼稚園の目的の制定は大正15年の幼稚園令に遡る。時代の流れを反映していて興味深いものがあり、終戦直後の制定に至るまでの草案も含めて、昭和22年制定時までの幼稚園の目的の変遷について考えてみたい。

　昭和22年の学校教育法制定の際、幼稚園の「目的」には、これまでの幼稚園令（大正15年公布）から、「家庭教育を補う」部分が削除され、「保育」

は残され、新たに「環境」が入れられた。また、「発達セシメ」という表現が「発達を助長する」となる。

　幼稚園令第1条(大正15年4月22日)
　　　　　…「幼稚園ハ幼児ヲ保育シテ其ノ心身ヲ健全ニ発達セシメ善良ナル性情ヲ涵養シ家庭教育ヲ補フコトヲ以テ目的トス」

　学校教育法草案　その一(昭和22年1月15日付、案)
　　　　　…「幼稚園は幼児を保育し、その心身を健全に発達させ、家庭教育を補い併せて普通教育の素地を培うことを目的とする。」

　学校教育法草案　その二(昭和22年2月18日付、案)
　　　　　…「幼稚園は、教育基本法の趣旨に則り、幼児を保育し、その心身の発達を助長するに適当な環境を与えることを目的とする。」

　学校教育法第77条(昭和22年3月31日)
　　　　　…「幼稚園は、幼児を保育し、適当な環境を与えて、その心身の発達を助長することを目的とする。」

この変遷から幾つかの事実が次のように整理される。

① 「家庭教育を補う」…草案その一には削除されずに残り、草案その二になって削除された。この間の事情については、この句を削る必要はなかったが、幼稚園は、家庭でやる育成の単なる補助機関であって、たかだか、子守の代用に過ぎないとして、幼稚園の教育に、かけがえのない役割や使命を認めないことになるといけないと考えた当時の関係者の言葉が残されている。

② 「保育」…保育という文言は、幼稚園令から学校教育法第77条制定まで一貫して残されている。また今回平成19年の改正でも残されている。この文言には、関係者の特別な意図や想いがあり今に引き継がれている。このことは、保育が保護教育の略であり、外からの保護と、内からの発達を助けることを一体として考えることが、幼児期の教育の特徴であるとしていることにほかならない。

③「環境」…環境という文言は、草案その二で初めて登場し、しかも"適当な"という形容詞が付されて成立に至っている。環境を通して行うことを重視する幼児期の教育の特性は、ここから現在に至っている。
④「発達せしめ」・「涵養し」について…「発達」が「発達せしめ」から、「発達させ」、そして、「発達を助長する」へと表現を変え、て「涵養し」については、草案その一の時点で既に削除されている。教育者の直接的・一方的な働きかけに対し、幼児の心身の発達を助けるのに適切な人的・物的な環境を整えることによってその目的を果たそうとする近代的な幼児教育観を反映する表現となっている。

こうした目的の変遷から、幼稚園は学校として確たる存在を示しながらも、幼児期の子どもの発達や特性を考慮し、「保育」という文言が大正15年の幼稚園令以来、関係者によって大切にされてきたことが言えるのである。

幼稚園の目標──幼稚園教育の目的実現のために

　幼稚園教育の目標は、従来、幼稚園教育要領第1章総則と、学校教育法第7章幼稚園第78条とに、多少文言を異にしながら、それぞれに掲げられていた。今回平成19年の学校教育法改正時に、次のように学校教育法に一本化された。

```
学校教育法　第3章　幼稚園
第23条　幼稚園における教育は、前条に規定する目的を実現するため、次に掲げる目標を達成するよう行われるものとする。
一　健康、安全で幸福な生活のために必要な基本的な習慣を養い、身体諸機能の調和的発達を図ること。
二　集団生活を通じて、喜んでこれに参加する態度を養うとともに家族や身近な人への信頼感を深め、自主、自律及び協同の精神並びに規範意識の芽生えを養うこと。
三　身近な社会生活、生命及び自然に対する興味を養い、それらに対する正しい理解と態度及び思考力の芽生えを養うこと。
四　日常の会話や、絵本、童話等に親しむことを通じて、言葉の使い方を正しく導くとともに、相手の話を理解しようとする態度を養うこと。
五　音楽、身体による表現、造形等に親しむことを通じて、豊かな感性と表現力の芽生えを養うこと。
```

　今回の教育基本法・学校教育法の改正、幼稚園教育要領改訂にあたって

は、言葉や体験などの学習の基盤づくりを重視している。上記の目標にもそれらとの関連が見られる。

参考文献
大場幸夫・増田まゆみ・善光院亜紀『よくわかる保育所保育指針』ひかりのくに、2008年。
小田豊監修『教育・保育実習と実習指導』光生館、2012年。
加藤繁美著「戦後学校体系における幼稚園の位置――学校教育法幼稚園目的規定の成立を中心に――」『山梨大学教育学部研究報告書第三十九号』学術社、1989年。
厚生労働省編『保育所保育指針解説書』フレーベル館、2008年。
坂元彦太郎『幼児教育の構造』フレーベル館、1964年。
坂元彦太郎『戦後保育史 第一巻』フレーベル館、1980年。
民秋言編『幼稚園教育要領・保育所保育指針の成立と変遷』萌文書林、2008年。
文部科学省著『幼稚園教育要領解説』フレーベル館、2008年。
文部省編『幼稚園教育百年史』ひかりのくに、1979年。

第7章　保育の内容

1．保育内容の総論　　　　　　　　　　　　　岡澤　陽子

保育内容をとらえる

(1) 保育内容とは

　幼稚園や保育所は、子どもたちがどのような園生活を送り、どのような経験や活動をする場なのだろうか。さまざまな場面を思い浮かべてみる。具体的には、「先生（保育者）や友達と遊ぶ」、「歌をうたう」、「リズムダンスや体操をする」、「絵を描いたり、製作したりする」、「運動会や遠足に行く」、「給食やお弁当、おやつを食べる」などが考えられる。

　このような活動のために、幼稚園や保育所などでは、保育者によって、意図的、計画的に考えられた保育内容が用意され提供される。保育内容によって、子どもたちは幼稚園や保育所の適切な環境の下で活動を行い、その活動から経験や学びを得ることになる。そしてこの保育内容は、前章で述べられた保育の目的を具現化するものである。

(2) 幼児にとって必要な保育内容

　保育者は、幼稚園教育要領や保育所保育指針を基として、年齢や発達段階に応じ、個々の子どもたちにとってふさわしい保育を行う必要があり、また、同時に子どもたちが主体性をもち、興味・関心を高めながら取り組める活動をうながす保育を行なうことが必要である。

　保育内容を考える場合、大きな見通しの中で一人ひとりの子どもの思いや実態をとらえ、そこからどのような経験や活動が必要かを考えることが

大切である。興味を惹かれ、無心で取り組むことこそが、心の充実につながる活動となり、好奇心や主体性をうながす貴重な体験となると考える。

例えば、動物園に行った後、動物の絵を描く活動でも、学級全員で一斉に描くのか、数人ずつ子どもたちと会話しながら描くのか、また、クレヨンで描くのか、絵の具で描くのかでは、子どもが受ける印象やイメージが大きく異なる。保育者は子どもが絵を描きたくなるような配慮をどのようにするか、どのようなねらいをもって絵を描くのか、などの計画をもつことが必要である。

幼稚園における保育内容
(1) 幼稚園教育の基本

平成20年告示の幼稚園教育要領では、幼児期の教育は生涯にわたる人格形成の基礎を培う重要なものであり、幼稚園教育は、学校教育法第22条に規定する目的を達成するため、幼児期の特性を踏まえ、環境を通して行うものであることを基本として、次の三つの事柄を重視して行うとしている。

①幼児の主体的な活動をうながし、幼児期にふさわしい生活が展開されるようにすること
②遊びを通しての指導を中心として、幼稚園教育の狙いが達成されるようにすること
③幼児一人一人の特性に応じ、発達段階に即した指導を行うようにすること

さらに、幼児期の教育は「家庭との連携を図りながら、生涯にわたる人間形成の基礎を培う大切なもの」であり、そのため、「幼稚園教育の基本に基づいて展開される幼稚園生活を通して、生きる力の基礎を育成する」ことが必要とされている。

幼稚園では、子どもたちが日々の生活や遊びの中で、さまざまな直接的・具体的体験を通して、人とかかわる力や自己を表現する力、感性や耐性など、人としての基礎的な力を育むことが必要である。

(2) 幼稚園教育のねらい及び内容

　幼稚園教育の基本を踏まえ、幼稚園教育要領では、幼稚園修了までに育つことが期待される生きる力の基礎となる心情、意欲、態度をねらいとして、ねらいを達成するための事項を5つの領域にまとめ、以下のように示している。

　※心身の健康に関する領域「健康」
　※人とのかかわりに関する領域「人間関係」
　※身近な環境とのかかわりに関する領域「環境」
　※言葉の獲得に関する領域「言葉」
　※感性と表現に関する領域「表現」

　この5つの領域は、子どもたちが成長していく姿を5つの異なった側面から見ていこうとするものであるが、成長過程においてさまざまな側面が相互に関連し合うものであることに注意する必要がある。

保育所における保育内容

(1) 保育の目標

　平成20年告示の保育所保育指針では、保育所は、子どもが生涯にわたる人間形成にとって極めて重要な時期にその生活時間の大半を過ごす場であり、その子どもが現在を最もよく生き、望ましい未来をつくり出す力の基礎を培うものとして、次の目標を重視して行うとしている。

　(ア) 十分に養護の行き届いた環境の下に、くつろいだ雰囲気の中で子どもの様々な欲求を満たし、生命の保持及び情緒の安定を図ること。
　(イ) 健康、安全など生活に必要な基本的な習慣や態度を養い、心身の健康の基礎を培うこと。
　(ウ) 人との関わりの中で、人に対する愛情と信頼感、そして人権を大切にする心を育てるとともに、自主、自立及び協調の態度を養い、道徳性の芽生えを培うこと。
　(エ) 生命、自然及び社会の事象についての興味や関心を育て、それらに対する豊かな心情や思考力の芽生えを培うこと。
　(オ) 生活の中で言葉への興味や関心を育て、話したり、聞いたり、相手

の話を理解しようとするなど、言葉の豊かさを養うこと。
(カ) 様々な体験を通して、豊かな感性や表現力を育み、創造性の芽生えを培うこと。

これらの6項目が保育の目標とされており、(ア)は「養護」的な面、(イ)から(カ)までは「教育」的な面ととらえられる。保育所保育指針の冒頭に「養護と教育が一体になって」と記されているように、これらを切り離さずに保育内容を考える必要がある。

(2) 保育所のねらい及び内容

「ねらい」は先に述べた「保育の目標」を具体的に示したもので、「保育士等が行わなければならない事項」と「子どもが身に付けることが望まれる心情、意欲、態度などを示した事項」という2つから構成される。

「内容」はこの「ねらい」を達成するために、子どもの生活やその状況に応じて保育士等が適切に行う事項と保育士が援助して子どもが環境にかかわって経験する事項を示したものである。

「ねらい」及び「内容」は「養護に関わるねらい及び内容」と「教育に関わるねらい及び内容」との両面から示されている。

ここでいう「養護」とは、子どもの「生命の保持」及び「情緒の安定を図ること」のために保育士等が行う援助や関わりである。また、「教育」とは、子どもが健やかに成長し、その活動がより豊かに展開されるための発達の援助であり、「健康」、「人間関係」、「環境」、「言葉」、及び「表現」の5領域から構成される。

保育内容の展開

(1) 幼稚園の生活

幼稚園の生活は、幼児が主体的に環境にはたらきかけて生まれる遊びが中心となる。幼児自らが興味をもって取り組んでいる遊びの中にこそ、幼児期に必要な発達があると考えられている。そのように幼児が主体的に行う活動の中で、保育者が一人ひとりの幼児の特性をとらえ、その特性や発達の課題に応じた指導をすることが大切である。

事例1　友達の様々な思いを受けとめて（5歳児、1月）
　雨の日、遊戯室で遊ぶ5歳児の4－5名のグループ。巧技台の幅の広いすべり台を前向きに滑ったり、後向きに滑ったりを楽しんでいた。そのうちに、さとしとけんたは立ったままで滑り降りることをはじめた。たかふみやじゅんも真似をして滑るがバランスを崩して尻もちをついた。そのうちに、みんなでバランスをとり、立ったまま滑ることを楽しみだした。けんたは「これって、スキーみたい」というと、「スキー場にしようか」とさとしが言い、みんなも大きくうなずいた。たかふみは「スキーって長い板がいるよ」というと、じゅんは傍にあった細長いダンボールを指さして「あれでつくれるかな」と言い出した。みんなで保育者のところに来て「先生、細長いダンボールがいるんだけど」「何するの?」「スキーをつくるんだよ」と言う。保育者は倉庫に行きダンボールを持ってきて、「スキーはどうやってはくの?」と聞いた。しばらく考えていたじゅんが、「さきちゃんたちがお店屋ごっこの靴屋で靴を牛乳パックで作ってた。靴と板を合体すればいいんだよ。」「いい考え」とたかふみ。早速、作り始め、スットックはラップの芯をつなげて作った。
　けんたはすべり台の上でスキーを履いて滑るが、勾配が緩やかであまり滑らない。そのうちに学級のみんなも集まりだしてきた。じゅんは、「これいいけど、雪らしくないよ」たかふみが「紙を貼って白くしよう」と言い、
　保育者のところに来たので、保育者が白い大きな段ボールを見せると、さとしたちは「いいね」「雪みたいだよ」と言い、スキーごっこが学級全体に広まっていった。

　いつも遊んでいた幅広のすべり台が、けんたが冬休みに経験したスキーのイメージと結びつき「スキーごっこ」に発展した。この遊びは、これまでに経験した遊びからそれぞれ意見を出し合って学級全体の活動に広まった。
　この遊びは、「繰り返し滑る」点で、5領域の「健康」に関連し、「みんなで遊びをつくりだそうとする」ことは「人間関係」と「言葉」に、「自由に工夫できる段ボールや製作素材」では「環境」に、「本物らしくしようとする」点では「表現」と関連するなど5領域にそれぞれ関連づけられた保育内容

となったといえる。

(2) 保育所の生活

園生活の流れは「デイリープログラム」に記されており、主に、登園―遊び―昼食―午睡―おやつ―遊び―降園となっている。保育所保育指針の総則にもある通り、保育所は、「乳幼児が、生涯にわたる人間形成の基礎を培う極めて重要な時期に、その生活時間の大半を過ごす場」である。またそこでは、入所する子どもの「最善の利益」を考慮した保育を目指し、子ども主体の生活を中心とした保育を行う必要がある。このことは幼稚園と同じである。

保育所には、0歳から6歳の子どもが生活しているが、活動内容や子どもの状態により、0歳と1歳児や4歳と5歳児の混合保育などが行われることもある。

0歳児保育で特に大切なことは、子どもと保育者との安定した関係と保育所と家庭との連携である。1対1で向き合うじっくりとした関わりやそのときの子どもの心の動きを大切にすることが必要であり、また、保育所は保護者との信頼関係に基づく連携が必要である。そのための保護者との意思疎通の手段として連絡帳がある。家庭からは、睡眠時間、食事・排便状態、子どもの様子などを記入してもらい、保育所からは午睡時間、食事・排便状態、心身の状態、保育で気付いたこと、特に伝えたいことがらや成長の姿などを記入するものである。

事例2 ぬいぐるみを心の拠り所にして（1歳10ヶ月）

　ミカは登園時、いつもは母親と一緒だが、今日は父親に抱かれてきた。父親と別れるときには片手にぬいぐるみを抱いて大泣きしていた。保育者にしばらく抱っこされて慰められ、そのうちにぬいぐるみの手を吸うことで落ち着くようになった。

　その後、ミカは保育室の隅にぬいぐるみをぶら下げて立ち、保育者が数人の子どもたちとおままごとで遊ぶのをしばらく見ていた。保育者が、「ミカちゃん、一緒に遊ぼう」と言ってままごとのお茶碗とスプーンを持ってきた。「うさちゃん、朝ごはん食べましたか」と、お茶碗からスプーン

> ですくってぬいぐるみの口元に持っていった。メグミ（2歳0ヶ月）が来て「私があげる」と持っていたお皿からスプーンでぬいぐるみの口元に持っていった。ミカは興味を示さず、保育者が離れるとまた、ぬいぐるみの手を吸い始める。保育者はミカとメグミの手を引いて外に行く。ブランコにミカを乗せ、メグミと一緒にブランコを揺すりながら「ブラブラブランコ、うさちゃんの足捕まえた」と、ミカが抱くうさぎの足をつかむ。今度は「ブラブラブランコ、お腹捕まえた」と、うさぎのお腹をメグミと一緒にこちょこちょすると、ようやくミカの顔が笑顔になった。

 このように、いつもの朝とは状況が違い、機嫌が悪かったミカに、保育者はぬいぐるみを介してかかわり、友達を巻き込みながら遊びを作り出し、気持ちを変えようとした。保育所保育指針の「情緒の安定」のねらいが示すように、子どもが保育士などに受け止められながら、安定感を持って過ごし、自分の気持ちを安心して表すことができることは、子どもの心の成長の基盤となる。この「情緒の安定」に関わる保育内容は保育所保育指針の「生命の保持」と相互に関連しながら、「教育に関わるねらい及び内容」の「人間関係」や「健康」の領域に示される事項とも深く関連している。

子どもの成長を支えるもの

 幼稚園や保育所で展開される生活や遊びは、保育者が一方的に指導する活動ではなく、子どもが自ら環境とかかわって生み出す活動でなければならない。このためには、遊びや生活に対する子どもの主体性が必要であり、こうした主体性をもたせるためには、保育者としての高い専門性が求められる。保育者は、ひとりよがりの解釈におちいっていないか、保育のねらいを保育者自身がしっかりと表しているのか、環境の見直しは行われているのか、自分の保育観や子ども観が根底にきちんと流れているかを確認しておく必要がある。保育者はこれらのことを常に念頭におきながら保育の質を高めながら保育を行うことが大切である。
 そして、子どもがさまざまな活動を通して、自分の思い通りにいかない経験や心の葛藤、自分の弱さや心細さを感じながらも、課題に立ち向かい、我慢してそれらを乗り越え、満足感や達成感を得たとき、これらの課題は、

個の学びとなって発達に結びつき、次への課題に向かう力となっていくと考える。

参考文献
文部科学省『幼稚園教育要領解説』2010年。
厚生労働省『保育所保育指針解説書』2010年。
『〈新訂〉新保育原理』〔新訂第3刷〕萌文書林、2011年。
『保育内容総論』〔初版第4刷〕ミネルヴァ書房、2002年。
『保育原理』〔第2版〕ミネルヴァ書房、2013年。

2.　保育内容（健康）

今井　康晴

　日本国憲法第25条1項で「すべて国民は、健康で文化的な最低限度の生活を営む権利を有する」と定められているように、「健康」は、生活するうえでの普遍的要素として位置づけられる。健康という言葉には、身体的健康（身長、体重、骨格など）と精神的健康（心、情緒など）の2つの意味が含まれている。そのため、身体と精神が調和し、充実することではじめて健康という状態に成り得る。

　昨今では、社会状況や子育て環境の変化によって、子どもたちの未成熟な生活習慣、体を動かして遊ぶ経験の減少、運動能力の低下、偏食、孤食などが指摘されている。ゆえに、幼稚園、保育所では、園での生活を通して、子どもの育ち、健康や安全への配慮が強調されている。それでは、幼稚園教育要領、保育所保育指針を中心に、健康に対する考え方、配慮の在り方などについて概説する。

幼稚園教育要領、保育所保育指針における「健康」
　幼稚園、保育所では、子どもたちの健康、あるいは健康的な生活を保障するため、日々の保育活動のなかで多種多様な配慮や支援が行われている。幼稚園教育要領における「健康」は、学校教育法第23条、幼稚園教育の目標にある「健康、安全で幸福な生活のために必要な基本的な習慣を養い、身体諸機能の調和的発達を図ること」を前提とする。したがって、幼

稚園教育要領では、心身の健康に関する領域のなかで、健康な心と体を育て、子ども自らが安全な生活をつくりだす力を養うことが目的となる。主なねらいとしては、①明るく伸び伸びと行動し、充実感を味わう、②自分の体を十分に動かし、進んで運動しようとする、③健康、安全な生活に必要な習慣や態度を身に付ける、の3点があげられ、園生活全体を通して保育活動に生かされることが望まれる。

保育所は、養護と教育が一体となって行われる保育施設である。したがって、保育所保育指針では「健康」の取り扱いについて、教育における側面と養護の側面の2つによって構成される。ゆえに、教育だけではなく「健康な心と体を育て、自ら健康で安全な生活をつくり出す力を養う」という目標にも示されるように、「安全」への配慮も重要となる。ねらい及び内容では、①明るく伸び伸びと行動し、充実感を味わう、②自分の体を十分に動かし、進んで運動しようとする、③健康、安全な生活に必要な習慣や態度を身に付ける、の3点があげられる。

以上、幼稚園教育要領、保育所保育指針のねらいをふまえると、共に生涯にわたって健康、安全な生活を送るために、幼児期に育むべき力を的確に表している。健康領域における主な内容の取扱いでは、下記のように示される。

幼稚園教育要領 第2章　ねらい及び内容 健康	保育所保育指針 第3章　保育の内容 (2) 教育に関わるねらい及び内容 ア健康
(1) 先生や友達と触れ合い、安定感をもって行動する。	①保育士等や友達と触れ合い、安定感を持って生活する。
(2) いろいろな遊びの中で十分に体を動かす。	②いろいろな遊びの中で十分に体を動かす。
(3) 進んで戸外で遊ぶ。	③進んで戸外で遊ぶ。
(4) 様々な活動に親しみ、楽しんで取り組む。	④様々な活動に親しみ、楽しんで取り組む。
(5) 先生や友達と食べることを楽しむ。	⑤健康な生活のリズムを身に付け、楽しんで食事をする。
(6) 健康な生活のリズムを身に付ける。	
(7) 身の回りを清潔にし、衣服の着脱、食事、排泄などの生活に必要な活動を自分でする。	⑥身の回りを清潔にし、衣類の着脱、食事、排泄など生活に必要な活動を自分でする。
(8) 幼稚園における生活の仕方を知り、自分たちで生活の場を整えながら見通	⑦保育所における生活の仕方を知り、自分たちで生活の場を整えながら見通し

しをもって行動する。 (9) 自分の健康に関心をもち、病気の予防などに必要な活動を進んで行う。 (10) 危険な場所、危険な遊び方、災害時などの行動の仕方が分かり、安全に気を付けて行動する。	を持って行動する。 ⑧自分の健康に関心を持ち、病気の予防などに必要な活動を進んで行う。 ⑨危険な場所や災害時などの行動の仕方が分かり、安全に気を付けて行動する。

 これらのねらい及び内容の達成において、保育者は子どもとふれあい、受容や共感を通して適切な援助や配慮が求められる。幼稚園、保育所では、保育時間に基づき健康の維持と増進を目的とした保育計画が立案されている。そのなかで健康に関わる具体的な援助や配慮については、生活、遊び、安全の3つの観点から概説する。

保育者の援助
 (1) 生活に対する配慮
 　身体的、精神的に健康であるためには、基本的生活習慣の形成と生活リズムの確立が重要である。そのためには、十分な睡眠、バランスのとれた食事、適度な運動と休息などが必要不可欠となる。本来、生活習慣は家庭で育成されるものであるが、家庭の教育力の低下、急激な環境変化による生活経験への影響などをふまえ、生活への配慮が強く期待される。
 　保育者は、子どもたちの個人生活と集団生活の2つの側面を意識し、それぞれの生活習慣の育成と自立を促すことが求められる。個人生活では登園から降園までの衣服の着脱、トイレ、身支度の仕方などを年齢に応じて身に付け、徐々に一人でできるように援助する。集団生活では、ルールの把握、周りの動きの認識、時間への意識などを生活のなかで身に付け、進んで行動ができるように援助する。こうした個人、集団での生活習慣を身に付けることで、子どもたちは望ましい基本的生活習慣を身に付けることができるのである。
 　自立への配慮では、日々の保育活動を充実させるだけでなく、子どもたちに準備や片付けへの意識をもたせることが大切である。準備や片付けを意識させることで、遊ぶ時間を長くできる、次の活動への弾みになる、といった活動への意識を高めることができ、生活への見通しをもつことにも

なる。
　しかし、日常生活の環境や状況と分離した生活習慣は身に付きにくく、また大人であっても基本的生活習慣が身に付くまでには時間を要する。したがって、生活習慣と自立を育成するうえで重要なことは、園生活のなかで日常的且つ継続的に生活への意識付け、自立への支援、配慮を行うことである。幼稚園教育要領、保育所保育指針に共通して「自分たちで生活の場を整えながら見通しを持って行動する」とあるように、子どもたち自ら基本的生活習慣を自覚し、自立した生活を過ごすことは、生涯にわたる生活を支えることにも繋がるのである。

(2) 運動に対する配慮

　運動に対する配慮では、小学校や中学校などの体育科のイメージではなく、「遊び」として取り組まれることが前提となる。体を使った遊びでは、体を動かすことへの楽しさを味わうことができる。また友達と一緒にグループを組んで遊ぶとき、積極性、協調性、自立性などを育むこともできる。したがって保育者は、子どもの興味や関心に基づき、園庭や身近な自然を通して様々な運動経験や体験を促すと同時に、すすんで遊びを行えるように配慮しなければならない。
　しかし、運動指導において、特定の動きに偏った単調な動きの繰り返し、あるいは好き勝手に遊ばせておくだけでは十分とはいえない。幼稚園教育要領では、内容の取扱いにおいて、「特に、十分に体を動かす気持ちよさを体験し、自ら体を動かそうとする意欲が育つようにすること」と記されているように、子どもたちの運動に対する興味、関心、意欲を育み、進んで体を動かすような配慮が重要である。そこで、保育者は遊びのモデルとなり動きの楽しさを伝えること、ルールのある遊び、集団遊びなどを計画すること、一人ひとりの子どもの運動遊びに対する意識変化を確認することなどが求められる。
　遊具を用いた運動遊びでは、保育者は子どもが容易に、かつ自由に扱うことができ、それ自体に柔軟性がある物を子どもに提供し、多様な動きを得ることができるようにすることが肝要である。例えば、ボールを使っ

た遊びは、掴む、蹴る、投げる、転がす、打つ、弾ませる、取る、当てる、突くなど多くの動きを誘発する。また動くボールを追いかける、動くボールを追いかけて蹴る、飛んできたボールを受け止める、など複数の動作を組み合わせた動きの派生も多い。さらにドッジボール、サッカーなど、ルールがある集団遊びをすることもできる。このような生産性の高い遊びを日々の保育活動に用いることで、子どもたちは自然と多様な動きを身に付け、体力をつけることも可能となる。

　また幼稚園、保育所では、ブランコ、滑り台、鉄棒、ジャングルジムなどの固定遊具や三輪車、スクーターなどの移動遊具など、家庭では遊べないものも多々ある。そのため、遊具で遊ぶことが子どもの楽しみとなるように、子どもの動線に配慮し、環境構成することも大切である。

(3) 安全に対する配慮

　子どもの身体は、発達の特徴から、転倒、転落しやすく、頭や顔へのケガが多い。したがって、子どもたちが興味をもち、多彩な動きのある遊びであったとしても、安全性に問題がある場合は行うべきではない。安全が保障されているからこそ、遊びや運動が成立するのである。

　安全への配慮について、幼稚園教育要領では「特に留意する事項」において、「安全に関する指導に当たっては、情緒の安定を図り、遊びを通して状況に応じて機敏に自分の体を動かすことができるようにするとともに、危険な場所や事物などが分かり、安全についての理解を深めるようにすること」と示されている。これをふまえ、子どもの身体発達に合わせた遊びや遊具を選択することが重要である。

　遊具も使い方を間違えれば、危険な遊びとなる。そこで保育者は、遊具の正しい使い方を子どもたちに教え、扱い方を学ばせるなど安全指導を行うことも大切である。同時に、状況に応じて危険を予測し、ケガや事故の要因を作らない安全管理も肝要である。しかし、危険なモノに対してすべて禁止という形で子どもたちの安全を確保するのではなく、子どもたち自らが危険な遊び、誤った遊具の使い方を察知し、判断できる力を養わせることも必要である。

遊びや運動に関わる安全だけでなく、発育、発達、疾病、疾患など身体の安全も忘れてはならない。保育所保育指針では第5章「健康及び安全」において。子どもの健康支援では、(1)子どもの健康状態並びに発育及び発達状態の把握、(2)健康増進、(3)疾病等への対応が述べられている。子どもの健康状態を把握することは、園での生活の基礎となる。保育者自身が健康状態を把握するだけでなく、保護者からの情報なども含め適切に対応しなければならない。

幼稚園、保育所では、身体の発育状態は健康診断などにおいて、身長、体重、胸囲、頭囲などが計測される。そのなかで肥満、痩せなどの判断も行われるが、不適切な養育、虐待の早期発見の好機となる。例えば、年齢に見合わない体重の程度、服装の乱れ、身体の清潔さ、また不可解な傷、火傷など、これらを発見することで育児放棄や虐待への抑止抑制に繋げることができる。また虐待が疑われる場合、速やかに市町村または児童相談所に通告し、対処しなければならない。

食育の推進

昨今では、子どもの食に関する教育的配慮、いわゆる「食育」が強く意識されている。食べることは生命の維持に必須である。しかし、子どもの発達と食事について考える時、単に栄養について考えるだけでは十分とはいえない。「食文化」という言葉にもあるように、食事それ自体が社会的、文化的な行為として認識することが大切である。

2005年に制定された「食育基本法」の前文では、食育を「生きる上での基本であって、知育、徳育及び体育の基礎となるべきもの」と位置付けている。そして子どもたちに対する食育の意義として、「心身の成長及び人格の形成に大きな影響を及ぼし、生涯にわたって健全な心と身体を培い豊かな人間性をはぐくんでいく基礎となるものである」と示す。つまり、「食べる」という行為を、「食育」として意識し、子どもの食に対する意識を高めつつ、生きる力、豊かな人間性を育むことが主要な目的となる。

また同法第5条では「子どもの教育、保育等を行う者にあっては、教育、保育等における食育の重要性を十分自覚し、積極的に子どもの食育の推進

に関する活動に取り組む」とし、また同法第6条では「食育は、広く国民が家庭、学校、保育所、地域その他のあらゆる機会とあらゆる場所を利用して、食料の生産から消費等に至るまでの食に関する様々な体験活動を行うとともに、自ら食育の推進のための活動を実践することにより、食に関する理解を深めることを旨として、行われなければならない」と記されている。これらをふまえ、幼稚園教育要領、保育所保育指針では、食育に関する具体的な内容の取扱いについて以下のように示されている。

幼稚園教育要領	保育所保育指針
第2章　ねらい及び内容 健康　3内容の取扱い (4)　健康な心と体を育てるためには食育を通じた望ましい食習慣の形成が大切であることを踏まえ、幼児の食生活の実情に配慮し、和やかな雰囲気の中で教師や他の幼児と食べる喜びや楽しさを味わったり、様々な食べ物への興味関心をもったりするなどし、進んで食べようとする気持ちが育つようにすること。	第5章　健康及び安全 3食育の推進 保育所における食育は、健康な生活の基本としての「食を営む力」の育成に向け、その基礎を培うことを目標として、次の事項に留意して実施しなければならない。 (1) 子どもが生活と遊びの中で、意欲を持って食に関わる体験を積み重ね、食べることを楽しみ、食事を楽しみ合う子どもに成長していくことを期待するものであること。 (2) 乳幼児期にふさわしい食生活が展開され、適切な援助が行われるよう、食事の提供を含む食育の計画を作成し、保育の計画に位置付けるとともに、その評価及び改善に努めること。 (3) 子どもが自らの感覚や体験を通して、自然の恵みとしての食材や調理する人への感謝の気持ちが育つように、子どもと調理員との関わりや、調理室など食に関わる教育環境に配慮すること。 (4) 体調不良、食物アレルギー、障害のある子どもなど、一人一人の子どもの心身の状態等に応じ、嘱託医、かかりつけ医等の指示や協力の下に適切に対応すること。栄養士が配置されている場合は、専門性を生かした対応を図ること。

　以上の幼稚園教育要領、保育所保育指針の内容を基に、幼稚園、保育所では食に関する様々な活動が試みられている。例えば、園庭や畑を耕し、野菜を育て、調理して食べるといった活動では、食べるという行為の結果だけではなく、みんなで土にふれ、種を植え、水をやり、雑草を抜き、収

穫し、調理し、食べる、という過程も重要となる。つまり、食材に対する関心をもち、自分たちで育てた野菜を粗末にできない、好き嫌いなんて言えないという情緒を育てることにも深く関わるのである。その他にも、園の行事で行われる親子での食の体験、近所のスーパーでの買い物体験、市場の見学など園外での体験学習などが行われている。これらの食に関わる体験は、簡単な調理技術を覚える、好き嫌いを無くす、箸の使い方、食事のマナーなどを学ぶ好機となる。食べるという当たり前の行為から、得られる知識や能力は非常に多様であるため、日常生活から食育への意識を高めることが重要である。

参考文献
文部科学省『幼稚園教育要領』フレーベル館、2008年。
厚生労働省『保育所保育指針』フレーベル館、2008年。
無藤隆・柴崎正行編「新幼稚園教育要領・新保育所保育指針のすべて」『別冊　発達29』ミネルヴァ書房、2009年。
民秋言・亀丸武臣著『保育内容 健康』北大路書房、2009年。
河邉貴子・杉原隆・柴崎正行編集『保育内容「健康」』ミネルヴァ書房、2009年。
乙訓稔編著『幼稚園と小学校の教育――初等教育の原理――』東信堂、2011年。
浅見均・田中正浩編著『子どもの育ちを支える保育内容総論』大学図書出版、2013年。

3．保育内容（人間関係） 水野いずみ

保育内容（人間関係）とは

保育内容（人間関係）は、保育所保育指針については、「第三章　保育の内容　1 保育のねらい及び内容」のうち、「（二）教育に関わるねらい及び内容」において、子どもの発達をとらえる視点として5つに区分されている教育に関わる領域の1つにあたる領域である。また、幼稚園教育要領においては、「第2章ねらい及び内容」を幼児の発達の側面からまとめ、示したもののうち、人とのかかわりに関する領域が「人間関係」である。保育所保育指針・幼稚園教育要領のいずれにおいても、「人間関係」は、「他の人々と親しみ、支え合って生活するために、自立心を育て、人と関わる力を養う」領域とされている。

こうした「人間関係」を含む保育内容の「領域」は、子どもの経験を体系化したものではなく、子どもの発達を見る側面である。各「領域」で示されている「ねらい」は、何が確かに教えられたかという観点から「～できる」という形で示されることが多い到達目標としてではなく、保育所や幼稚園での生活全体を通して子どもが様々な体験を積み重ねる中で、相互に関連をもちながら徐々に実現されていくものである。子どもは遊びのなかで総合的に体験を積み重ねていき、また、保育所や幼稚園においては、子どものイメージの広がりによってさまざまな特性を持つ「活動」が総合的に展開していく。

　一方で、小学校以上の学校教育における「教科」は、各教科の基となっている諸学問が見いだした知識・技能を教科という形で体系化したものである。そして、〈教授―学習〉形態を中心とした「授業」のなかで展開される教育活動において、こうした教科の内容を教師が教授し、児童・生徒が学習し、この両側面を媒介するためにその知識・技能を体系的に分かりやすく整理した教科書が存在するという構造になっている。つまり、乳幼児は「保育の内容」を生活・遊びの中で展開し、児童・生徒は「教科の内容」を学習するなかで、それぞれの心身の成長・発達を成し遂げているといえる。

　このように、保育内容の「領域」は、それぞれが独立した授業として展開される小学校以上の学校教育における「教科」とは性格が異なる。したがって、「領域」を「教科」と混同してしまわないように留意する必要がある。実際、平成20年の幼稚園教育要領解説においても、「領域別に教育課程を編成したり、特定の活動と結び付けて指導したりするなどの取扱いをしないようにしなければならない」とされている。特に、本章で取り扱う「領域（人間関係）」については、人が社会の中で生きることの根底にあるのが人間関係であることから、他のすべての領域の基礎となるものである。したがって、5領域が並列してあるわけではないといえる。さらに、保育所保育指針解説においても、「人間関係」を含む保育内容5領域ならびに、養護に関わるものである「生命の保持」及び「情緒の安定」は、子どもの生活や遊びを通して相互に関連を持ちながら、総合的に展開されるものであ

ると述べられている。また、保育所保育指針の「養護に関わるねらい及び内容」で示されている「情緒の安定」に関わる保育の内容は、「教育に関わるねらい及び内容」で示されている「領域(人間関係)」の事項と特に深く関わっている。そのため、「養護に関わるねらい及び内容」で示されている「情緒の安定」と、「教育に関わるねらい及び内容」で示されている「人間関係」を切り離して考えることはできず、したがって、「養護」と「教育」を切り分けることはできないといえる。

以上をふまえ、鯨岡峻は、保育内容の一つの領域として「人間関係」を置くと、"人間関係「のなかで」育つ"というよりは、"人間関係「を」育てる"と捉えられがちになってしまうという問題点があることを指摘している。そして、ルールを守ることを教える、人を思いやることの大切さを教える、保育者の話を聞く姿勢を指導する、集団で活動することの大切さを指導する、等々の保育が生み出されている現状があると述べている。

表1は、保育所保育指針および幼稚園教育要領における「保育内容(人間関係)」を対照させたものである。保育内容(人間関係)に関し、保育所保育指針および幼稚園教育要領のそれぞれについて表で比較すると、記載内容はほとんど同じであるが、異なる箇所もある。次に、保育所保育指針および幼稚園教育要領のそれぞれについて「ねらい」と「内容」を述べ、異なる箇所を示していく。

保育所保育指針と「領域(人間関係)」：ねらいと内容

保育所保育指針においては、「人との関わりの中で、人に対する愛情と信頼感、そして人権を大切にする心を育てるとともに、自主、自立及び協調の態度を養い、道徳性の芽生えを培うこと」という保育の「目標」を、より具体化したものが、「領域(人間関係)」の「ねらい」である。また、「ねらい」では、「子どもが保育所において、安定した生活を送り、充実した活動ができるように、保育士等が行わなければならない事項」および「子どもが身に付けることが望まれる心情、意欲、態度などの事項」が示されている。そして、このような「ねらい」を達成するために、「子どもの生活やその状況に応じて保育士等が適切に行う事項」および「保育士等が援助し

て子どもが環境に関わって経験する事項」が示されたものが、「領域(人間関係)」の「内容」である。

　保育所保育指針に特有の記載内容は、「①安心できる保育士等との関係の下で、身近な大人や友達に関心を持ち、模倣して遊んだり、親しみを持って自ら関わろうとする。」「⑭外国人など、自分とは異なる文化を持った人に親しみを持つ。」といった2点にみられる。前者①の内容に関しては、保育所保育指針解説において、「人生のかなり早い時期に、自分とよく似た子どもの存在を認め、同じものを見つめたり、同じ遊具を手にしたりしながら、徐々に保育士等が仲立ちとなり、同じ動作や身振りをしたり、友達に手を伸ばしたり、笑い合ったりするようになります。」などと述べられているように、保育所は幼稚園よりも子どもの年齢幅が広いことをふまえて、①のような「内容」が特に記載されていると思われる。また、後者⑭の内容に関しては、幼稚園教育要領解説の「第3章　指導計画の作成に当たっての留意事項　第2節　一般的な留意事項」において、国際化の進展に伴い、受け入れが多くなっている外国人や海外から帰国した幼児に配慮するよう述べている。したがって、幼稚園教育要領全体としてみれば、保育所同様に、今日的な課題に対応するものとなっている。

　ちなみに、国際化の進展同様に今日的な課題として、食育に関わる事項がある。保育所保育指針では、「第5章　健康及び安全　3．食育の推進」において、健康な生活の基本としての「食を営む力」の育成に向け、その基礎を培うことを目標とすると記されており、保育所保育指針解説においても、「保育所における食育に関する指針」のなかで「食と人間関係：食を通じて、他の人々と親しみ支え合うために、自立心を育て、人と関わる力を養う」という項目が挙げられていることを示している。なお、幼稚園教育要領解説においては、領域(健康)の内容の取り扱い事項として、食育に関する記載が示されている。

幼稚園教育要領と「領域（人間関係）」：ねらいと内容

　幼稚園教育要領においては、第1章(総則)第1「幼稚園教育の基本」において、幼稚園教育を行う際に重視する事項として、「2．幼児の自発的な活

動としての遊びは、心身の調和のとれた発達の基礎を培う重要な学習であることを考慮して、遊びを通しての指導を中心として、ねらいが総合的に達成されるようにすること」が挙げられている。なお、留意点として、ねらいについては、幼稚園における生活の全体を通じ、幼児が様々な体験を積み重ねる中で相互に関連をもちながら次第に達成に向かうものであることが挙げられている。また、内容については、幼児が環境にかかわって展開する具体的な活動を通して総合的に指導されるものであることが挙げられている。幼稚園教育要領における「領域（人間関係）」のねらいと内容は、**表1**のとおりである。

　幼稚園教育要領に特有の記載内容は、「(4)いろいろな遊びを楽しみながら物事をやり遂げようとする気持ちをもつ。」といった箇所にみられる。これに類似した内容として、保育所保育指針においては、「⑧友達と一緒に活動する中で、共通の目的を見いだし、協力して物事をやり遂げようとする気持ちを持つ。」という記載がみられる。そのため、物事をやり遂げようとする気持ちを持つことについて、幼稚園教育要領では、保育所保育指針に比較すると、友達などの人間関係に直接的に関わる場合のみに限らず、子どもが個々に活動に関わるような場合も含むことのできる記載となっている。

　とはいえ、保育所保育指針解説の「第1章総則　3．保育の原理　(2)保育の方法　③個と集団」においては、個と集団の育ちは相反するものではなく、個の成長が集団の成長に関わり、集団における活動が個の成長を促すといった関連性に十分留意して保育することが重要であると述べられている。つまり、保育所保育指針では、個々の育ちと人間関係との関連性は原理的に前提とされているといえる。したがって、保育所保育指針全体としてみれば、物事をやり遂げようとする気持ちを持つことについて、幼稚園同様に、友達などの人間関係に直接的に関わる場合のみに限らず、個々に活動に関わるような場合も含むことのできるものとなっている。

　なにより、保育内容（人間関係）については、**表1**の冒頭にも示されているように、「他の人々と親しみ、支え合って生活するために、自立心を育て、人と関わる力を養う」こととされている。すなわち、「自立心」は往々

表1 「領域（人間関係）」のねらいと内容：保育所保育指針・幼稚園教育要領の比較

領域（人間関係）		
「他の人々と親しみ、支え合って生活するために、自立心を育て、人と関わる力を養う。」		
	保育所保育指針	幼稚園教育要領
ねらい	①保育所生活を楽しみ、自分の力で行動することの充実感を味わう。	(1) 幼稚園生活を楽しみ、自分の力で行動することの充実感を味わう。
	②身近な人と親しみ、関わりを深め、愛情や信頼感を持つ。	(2) 身近な人と親しみ、かかわりを深め、愛情や信頼感をもつ。
	③社会生活における望ましい習慣や態度を身に付ける。	(3) 社会生活における望ましい習慣や態度を身に付ける。
内容	①安心できる保育士等との関係の下で、身近な大人や友達に関心を持ち、模倣して遊んだり、親しみを持って自ら関わろうとする。	
	②保育士等や友達との安定した関係の中で、共に過ごすことの喜びを味わう。	(1) 先生や友達と共に過ごすことの喜びを味わう。
	③自分で考え、自分で行動する。	(2) 自分で考え、自分で行動する。
	④自分でできることは自分でする。	(3) 自分でできることは自分でする。
		(4) いろいろな遊びを楽しみながら物事をやり遂げようとする気持ちをもつ。
	⑤友達と積極的に関わりながら喜びや悲しみを共感し合う。	(5) 友達と積極的にかかわりながら喜びや悲しみを共感し合う。
	⑥自分の思ったことを相手に伝え、相手の思っていることに気付く。	(6) 自分の思ったことを相手に伝え、相手の思っていることに気付く。
	⑦友達の良さに気付き、一緒に活動する楽しさを味わう。	(7) 友達のよさに気付き、一緒に活動する楽しさを味わう。
	⑧友達と一緒に活動する中で、共通の目的を見いだし、協力して物事をやり遂げようとする気持ちを持つ。	(8) 友達と楽しく活動する中で、共通の目的を見いだし、工夫したり、協力したりなどする。
	⑨良いことや悪いことがあることに気付き、考えながら行動する。	(9) よいことや悪いことがあることに気付き、考えながら行動する。
	⑩身近な友達との関わりを深めるとともに、異年齢の友達など、様々な友達と関わり、思いやりや親しみを持つ。	(10) 友達とのかかわりを深め、思いやりをもつ。
	⑪友達と楽しく生活する中で決まりの大切さに気付き、守ろうとする。	(11) 友達と楽しく生活する中できまりの大切さに気付き、守ろうとする。
	⑫共同の遊具や用具を大切にし、みんなで使う。	(12) 共同の遊具や用具を大切にし、みんなで使う。
	⑬高齢者を始め地域の人々など自分の生活に関係の深いいろいろな人に親しみを持つ。	(13) 高齢者をはじめ地域の人々などの自分の生活に関係の深いいろいろな人に親しみをもつ。
	⑭外国人など、自分とは異なる文化を持った人に親しみを持つ。	

にして個に関するものとのみ見なされがちであるが、以上をふまえると、友人や集団といった人間関係に関わる事柄と密接に関連しているものだといえるのである。

では、個の育ちと人間関係の関連性はどのようなものなのだろうか。これに関して、次に、保育内容（人間関係）に関する理論や研究を挙げ、述べていく。

保育内容（人間関係）に関する理論・研究

保育所保育指針の「保育の目標」および幼稚園教育要領の「ねらい及び内容」のいずれにおいても、保育内容（人間関係）に関し、「人とのかかわり」という記載がみられる。人とのかかわりに関して、佐伯胖は、「ドーナッツ論」（図1）を提唱し、I（自己）が発達して世界とかかわるようになるためには、YOU（あなた＝その人の身になってくれる人、その人のことを親しく思ってくれる人）的かかわりをもってくれる他者との出会いが不可欠であるとしている。「ドーナッツ論」によれば、I（自己）はまずYOU（あなた）と出会い、YOU（あなた）は、THEY世界（YOU自身が実際に活動している社会・文化の実践世界）をI（自己）と「ともにみる」という「共同注視」的関係で垣間みさ

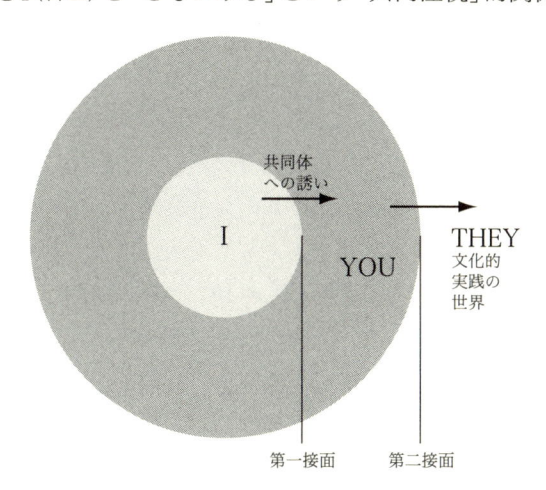

図1　かかわりのドーナッツ（佐伯胖による「ドーナッツ論」）

出典：『幼児教育へのいざない―円熟した保育者になるために―』佐伯胖　東京大学出版会　2008年（初版2001年）p.154

せてくれる。そして、I（自己）は、次第に自分自身で現実世界（THEY世界）とかかわるようになる。なお、「共同注視」とは、子どもと他者（大人など）が、ある共通の対象に注意を向ける行動である。生後9ヶ月くらいから見られるようになることから、いわゆる「9ヶ月革命」のあらわれのひとつとされるものである。

　また、河邉貴子は、保育のなかの遊びの特性について、「周囲の同年代の子ども」の言動に影響を受けながら遊びは展開すること、そこには「保育者」が存在し、子どもの姿に応じて、自発活動としての遊びが充実するように援助する役割を担うことを指摘している。さらに、遊びのおもしろさについて、「遊び課題」と「仲間関係」の2つの要素に支えられていることを示している。前者の「遊び課題」とは、その遊びそのものが潜在的に持っている特性で、子どもの遊びを動機づけているものであり、後者の「仲間関係」は、遊び課題を共有しあう遊びの仲間であるが、これら2つの要素は、子どもの育ちを把握する視点として挙げられている。そして、遊びのなかで人やモノにかかわりながら、身のまわりの世界への理解を深めたり、他者とのかかわりのなかで自己表現を高めたりしていくことは子どもにとって重要な学びであり、充実した遊びや生活を通して体験の体系化が行われると述べている。さらに、子どもは集団のなかで安心して自己を発揮できるようになり、併せて、豊かな遊びのなかで多くの自己決定の機会に出会い、実現する喜びを味わうことで、とりわけ5歳児後半ごろには、多少の困難を乗り越えることや長期的な取り組みの結果うまくいくようなことの方に充実感を覚えるようになり、自分の考えと他者の考えをすりあわせて活動を展開していこうとするようになる。目当てにしても小グループ内で共有されていたものから広がりを見せるようになり、クラス全体の大きな目当てを意識して自分たちの目当てを関係づけ、協同して課題に向かうようになるといった、主体的に協同性を発揮する姿が見られるようになるのである。すなわち、個の自己発揮から協同的な学びへと向かう姿がみられるとしている。

　したがって、上記の理論・研究に基づけば、子どもは、自分を親しく思い自分の身になってくれる他者としての大人である保育者に出会い、大

人である保育者を通して現実世界を垣間みる。そして、子どもは次第に、人やモノが存在する現実世界に「自分自身で」関わるようになるのである。そのなかで、「自発的」な活動としての遊びを通して、子どもは多くの「自己決定」の機会に出会い実現する喜びを味わって、「自立心」が育ち、さらには、「主体的」に「協同性」を発揮するようになるといえるのである。つまり、個の育ちとしての「自立心」は、保育者とのかかわりに見られるような「人間関係」を契機としながら、協同的な学びに必要となる「人とかかわる力」の基盤にもなっているのである。

　ここまで、個の育ちと「人間関係」の関連性について述べてきた。では、このような関連性を実際の保育現場で把握するには、どうすればよいだろうか。次に、保育内容（人間関係）に関して把握し、理解していくための方法を示す。

保育内容（人間関係）に関する方法
　個の育ちと「人間関係」の関連性を把握する方法として、保育現場では、保育記録が用いられている。小林紀子によれば、人間関係を理解し援助するためには、個々の内面を理解すると同時に、個と個の関係、個と集団の関係などを捉えていくことが求められるとし、保育記録の必要性を指摘している。そして、前出の河邉によって示された週案のなかの記録（図2）を具体例として挙げながら、ある日の活動が次の日にどのように変化し、子どもがどのように関わっていたかを記録することで、一見、閉ざされているように思えた子どもの関係が、流動性を持ちつつ構築されていることが見えてくることを示している。そして、さまざまな記録を記述していく過程で、子どもの人間関係を把握すると同時に、その人間関係の背景にある保育者のかかわりや環境構成を省み、翌日の保育に活かしていき、併せて、保育者の生き方や人間関係のあり方を振り返る契機として、子どもとともに豊かな人間関係を築いていくことが保育者として求められるのだと述べている。

　ここまで、保育内容（人間関係）に関する理論・研究や方法を述べてきた。また、保育所保育指針によれば、保育内容を構成する「領域（人間関係）」の

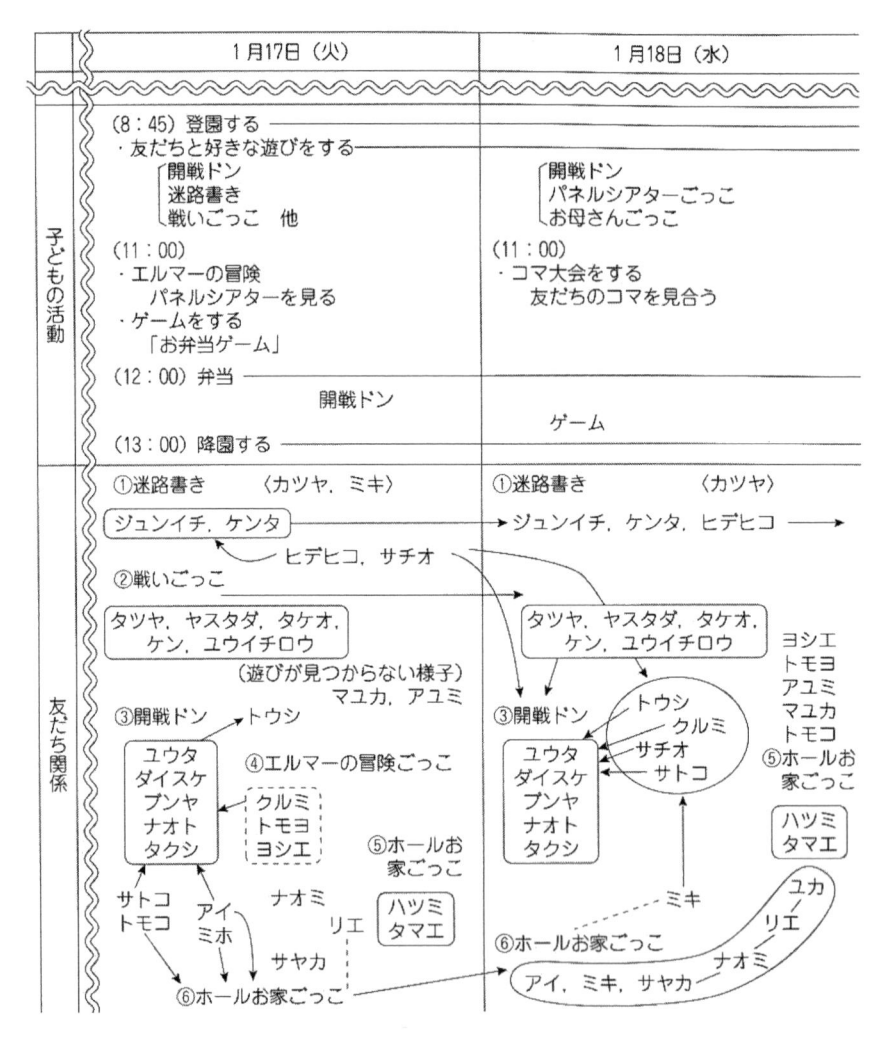

	1月17日（火）	1月18日（水）
子どもの活動	(8:45) 登園する ・友だちと好きな遊びをする 　　開戦ドン 　　迷路書き 　　戦いごっこ　他 (11:00) ・エルマーの冒険 　　パネルシアターを見る ・ゲームをする 　　「お弁当ゲーム」 (12:00) 弁当 　　　　　開戦ドン (13:00) 降園する	開戦ドン パネルシアターごっこ お母さんごっこ (11:00) ・コマ大会をする 　友だちのコマを見合う 　　　　　ゲーム
友だち関係	①迷路書き　　〈カツヤ，ミキ〉 　ジュンイチ，ケンタ 　　　　　　ヒデヒコ，サチオ ②戦いごっこ 　タツヤ，ヤスタダ，タケオ， 　ケン，ユウイチロウ 　　　　（遊びが見つからない様子） 　　　　　　マユカ，アユミ ③開戦ドン　→トウシ 　ユウタ 　ダイスケ 　ブンヤ 　ナオト 　タクシ 　　　　④エルマーの冒険ごっこ 　　　　　クルミ 　　　　　トモヨ 　　　　　ヨシエ サトコ　アイ　ナオミ トモコ　ミホ 　　　　サヤカ　リエ　ハツミ 　　　　　　　　　　　タマエ ⑥ホールお家ごっこ	①迷路書き　　〈カツヤ〉 →ジュンイチ，ケンタ，ヒデヒコ→ 　タツヤ，ヤスタダ，タケオ， 　ケン，ユウイチロウ 　　　　　　　トウシ 　　　　　　　クルミ ③開戦ドン　　サチオ 　ユウタ　　　サトコ 　ダイスケ 　ブンヤ 　ナオト 　タクシ 　　　　　⑤ホールお 　　　　　　家ごっこ 　　　　　　　ハツミ 　　　　　　　タマエ 　　　　　ミキ ⑥ホールお家ごっこ 　アイ，ミキ，サヤカ ヨシエ トモヨ アユミ マユカ トモコ ユカ リエ ナオミ

図2　保育記録の例：「週案（友だち関係）」

出典：森上史朗・小林紀子・渡辺英則編著『最新保育講座⑧　保育内容「人間関係」』「第5章　人とのかかわりを育てる保護者の役割」（小林紀子著）ミネルヴァ書房、2011年（1刷　2009年）p.103

　ねらいや内容は、保育の目標に基づくものであった。これらの関連性は、どのようなものなのだろうか。最後に、保育内容（人間関係）に関わる保育の目標と、その関連性について述べる。

保育内容(人間関係)と保育の目標との関連性

　先に述べたように、「領域(人間関係)」の「内容」は、「人との関わりの中で、人に対する愛情と信頼感、そして人権を大切にする心を育てるとともに、自主、自立及び協調の態度を養い、道徳性の芽生えを培うこと」という保育の「目標」をより具体化したものとしての「ねらい」を達成するものであると保育所保育指針では示されており、この保育の目標は、保育の「原理」の中に位置づけられている。斎藤公子は、「ただ大人から子どもへの願いのみでは駄目で、子どもから大人への願いも聞くことはとても大切なことだと思いました。この願いは私は子どもたちのあの率直な、たくましい何物も恐れぬ自己表現の絵から数多く読み取りました。」と述べている。この言及は、子どもが、自分を親しく思い自分の身になってくれる保育者とそのかかわりのなかで個を発揮する姿や、充実した遊びや生活を通して体験を体系化する姿、そして、保育者が自らを省みる姿など、これまで保育内容(人間関係)について述べてきたことをよくあらわすものである。

　さらに、斎藤公子は「人間を奴れいにしてはならない。人間の自由をうばってはならない。人間を生きるしかばねにしてはならない。」とも述べている。これは、保育者自身が人権や自主・自立を尊重するだけでなく、将来、大きくなった子どもが、「人間」をいわば「奴れい」にしたり、その自由をうばったり、「生きるしかばね」にしたりするような大人になってしまわないようにするには、どうすればよいかを見据えて、保育にあたる必要があることを示していると思われる。すなわち、「領域(人間関係)」に対応する保育の目標をよくあらわすものである。このような「目標」をより具体化したものが「領域(人間関係)」の「ねらい」であり、それを達成するのが「領域(人間関係)」の「内容」すなわち、保育内容(人間関係)なのである。

参考文献
　上野恭裕『おもしろく簡潔に学ぶ保育内容総論』保育出版社、2008年。
　鯨岡峻『保育・主体として育てる営み』ミネルヴァ書房、2010年。
　無藤隆(監修)『事例で学ぶ保育内容領域　人間関係』萌文書林、2013年。
　子どもと保育総合研究所(編)『子どもを「人間としてみる」ということ——子どもと

ともにある保育の原点——』ミネルヴァ書房、2013年。
河邉貴子『遊びを中心とした保育——保育記録から読み解く「援助」と「展開」——』萌文書林、2013年。
斎藤公子記念館(監修)『DVDブック・映像で見る子どもたちは未来・乳幼児期の可能性を拓く』第Ⅲ期：ブック「斎藤公子のリズムと歌」／DVD「斎藤公子最後の卒園式」かもがわ出版、2011年。

4．保育内容(環境)　　　　　　　　　　中村陽一・秋山智美

領域「環境」の捉え方

(1)「環境」の目標

　保育の内容(環境)の目標は、「保育所保育指針」「幼稚園教育要領」ともに、5領域の3番目として「周囲の様々な環境に好奇心や探究心を持って関わり、それらを生活に取り入れていこうとする力を養う」と示されている。

　子どもは、家庭や保育所・幼稚園、地域社会などの「環境」の中で生きている。それは家族や保育者、友達などの「人」であり、生活や遊びのなかで出会うさまざまな「物」である。また、動物や植物、天候や四季の変化などの「自然」があり、人々が生活する「社会」がある。

　子どもはこのような周囲の環境に好奇心や探究心をもって関わり、さまざまな気付きや発見をし、それを生活や遊びに取り入れていく。このような体験を通じて、人格形成の基礎となる豊かな心情、思考力や想像力、自分から関わろうとする意欲や態度などが培われるのである。

(2)「環境」のねらいと内容

　前述の「目標」をより具体化した「ねらい」として、「保育所保育指針」「幼稚園教育要領」ともに次の3点が挙げられている。これは、保育者が行わなければならない事項及び、子どもが身につけることが望ましい心情、意欲、態度などを示したものである。

　①身近な環境に親しみ、自然と触れ合う中で様々な事象に興味や関心を持つ。

②身近な環境に自分から関わり、発見を楽しんだり、考えたりし、それを生活に取り入れようとする。
③身近な事物を見たり、考えたり、扱ったりする中で、物の性質や数量、文字などに対する感覚を豊かにする。(幼稚園教育要領では「事物」が「事象」となっている)

「保育所保育指針」では、この3つの「ねらい」を達成するための事項が、次に示す12項目の「内容」として示されている。
①安心できる人的及び物的環境の下で、聞く、見る、触れる、嗅ぐ、味わうなどの感覚の働きを豊かにする。
②好きな玩具や遊具に興味を持って関わり、様々な遊びを楽しむ。
③自然に触れて生活し、その大きさ、美しさ、不思議さなどに気付く。
④生活の中で、様々な物に触れ、その性質や仕組みに興味や関心を持つ。
⑤季節により自然や人間の生活に変化のあることに気付く。
⑥自然などの身近な事象に関心を持ち、遊びや生活に取り入れようとする。
⑦身近な動植物に親しみを持ち、いたわったり、大切にしたり、作物を育てたり、味わうなどして、生命の尊さに気付く。
⑧身近な物を大切にする。
⑨身近な物や遊具に興味を持って関わり、考えたり、試したりして工夫して遊ぶ。
⑩日常生活の中で数量や図形などに関心を持つ。
⑪日常生活の中で簡単な標識や文字などに関心を持つ。
⑫近隣の生活に興味や関心を持ち、保育所内外の行事などに喜んで参加する。

なお、「幼稚園教育要領」では①と②が省かれ、⑫に替わるものとして、「生活に関係の深い情報や施設などに興味や関心をもつ」となっている。また、最後に「幼稚園内外の行事において国旗に親しむ」が加えられているが、それ以外は「保育所保育指針」とほぼ同じ内容になっている。

(3) 環境の捉え方

　広く捉えると、子どもの生活を取り巻くすべてのものが「環境」である。しかし、保育の内容としての「環境」とは、「子どもにとって身近な環境」「子ども自身が興味や関心を持って関わる環境」であり、子どもの行動や心情をよく理解し、子どもの生活という視点に立って考える必要がある。

　子どもは生活の中で、さまざまな人やものと出会い、それらとのかかわり方を学んでいく。子ども一人一人の可能性は、生活の中で出会う環境との関わりの中で開かれていく。従って、保育者が子どもを取り巻く環境をいかに構成するかが重要である。

　子どもにとって身近な「環境」は大きく、①人的環境（保育者や友達、家族など）、②物的環境（生活に必要なものや遊具）、③自然環境（植物や動物、天気や季節などの自然）、④社会環境（生活を取り巻くさまざまな社会環境）に分けることができる。以下に、その主なものを挙げる。

①人的環境

家族	父・母・兄弟姉妹・祖父・祖母・親戚など
保育所・幼稚園	保育者・職員・クラスの友達・友達の保護者など
地域社会	近隣の人・友達・通学中の学童・店員・警察官・郵便配達など

②物的環境

園舎園	室内空間・階段・トイレ・手洗い場・家具・靴箱・時計などすべてのもの
園庭園	ブランコ・滑り台・砂遊び場・鉄棒・ジャングルジムなどの固定遊具
保育室	テーブル・椅子・棚・積み木・ピアノ・絵本・教材・教具
遊戯室	跳び箱・巧技台・マット・大型積み木など
その他	家庭や地域社会の中で子どもが関わりをもつ全てのもの

③自然環境

園庭	庭木・芝生・季節の花や実・花や野菜などの栽培物・

保育室	ウサギ・ニワトリなどの飼育動物・昆虫などの小動物昆虫・金魚・ザリガニなどの飼育物・鉢植え・生け花など
公園・街路	樹木・芝生・花壇の花・草花・池・川・鳥・昆虫など
天候や季節感	寒さ暖かさ・日差しの変化・風・雨・雪・太陽・月・星・緑の木々・花・落ち葉・木の実・セミや虫の声など

④社会環境

公共施設	学校・図書館・消防署・交番・駅・電車・道路・信号・ポストなど
店	スーパー・コンビニ・商店・ファーストフード店・飲食店など
情報	テレビ・パソコン・本・雑誌・ゲームなど
行事	正月・節分・ひな祭り・こどもの日・七夕・クリスマス・発表会・運動会など
その他	数・図形・文字・記号・標識など

領域「環境」の対象

(1) 人的環境

　子どもにとっての人的環境とは、一緒に生活している家族や、毎日通う保育所・幼稚園の保育者・職員・友達のほか、近所の友達、地域の住民や働く人々など、生活の中で関わるすべての人々が含まれる。

　子どもの成長は、自分の存在が保護者や保育者などの周囲の大人に認められ、守られているという安心感が支えとなっており、それによって情緒の安定が保たれる。特に保育所や幼稚園においては、最も身近な保育者の存在はきわめて重要であり、その安心感と信頼感のもとで、心身の発達が促される。そのため保育者は、子どもの活動の場面に応じて、さまざまな役割を果たし、その活動を豊かにする役割がある。

　子どもをとりまく人的環境は、このほかにも保育所・幼稚園で一緒に生活する友達などがあり、保育の内容（人間関係）で詳しく取り上げる。

(2) 物的環境

①保育の環境構成

　保育における物的環境のうち、園舎や園庭、固定遊具、保育室にいつも置かれている積み木などの遊具・整理棚・ロッカーなどは、子どもの発達や年齢ごとの遊びを考えて設計・設定されている。その中で、子どもが活動のしやすさを考慮したテーブルや椅子の配置、保育室の壁面構成などは、子どもの心が安らぎ楽しくなるように、保育者が配慮して設定する物的環境である。

②遊びに使う素材

　保育者が用意しておきたい素材として、子どもが自由に工作できる画用紙やテープ類、ダンボールや空き箱、プラスチックの空き容器などがある。これらの素材は、子どもの興味や関心、遊びの発展などを見守りつつ、必要と思われるものを加えたり増やしたりすることが望ましい。その際には、時期にどのような育ちを期待するか、そのために必要な経験は何かを考えることが大切である。

③活動の展開と多様化

　同じ遊具や素材と関わっていても、子どもの活動はそれぞれ異なる。また、子どもの興味や関心は次々に移り、保育者の予想外の方向に展開することもある。保育者が子ども一人一人の興味や関心を大切にするほど、その活動は多様化し豊かになっていく。しかし、活動の多様化そのものが目的ではない。活動によって子ども自身がどれだけ充実感や満足感を得ているかが重要である。

　大人は、子どもの活動を捉える際に、活動の結果何ができたか、上手くできたかだけで評価しがちである。しかし、子どもの発達にとって大切なことは、試行錯誤や失敗を繰り返し自分なりに考えて工夫する過程であり、それによって思考力や判断力、そして生きる力の基礎が培なわれる。

(3) 自然環境

①保育計画と自然体験

　子どもにとって自然とのかかわりは驚きと感動の連続である。大人に

とっては些細なことでも、その不思議さに心を動かされ、好奇心や探究心が生まれ、豊かな感性を育む。それが、科学的な見方や考え方の芽生えを培う基礎となり、小学校の生活科や総合的な学習、理科・社会での学びへとつながっていく。

　子どもの自然体験のための保育者の役割は、まず「子どもが自然と出会う機会をより多く作り出すこと」であり、そのための環境設定と保育（教育）計画が大切である。たとえば、草花や野菜などの栽培や動物の飼育は、入園から卒園に至るまでの保育計画のなかに織り込むとよい。計画の立案の際には、子どもの発達や活動の連続性、季節感などを考慮することが大切である。ただし、子どもの興味や関心や状況に応じて、新たな活動を入れるなど、柔軟な対応が必要である。

②季節を感じる保育

　日本には四季があり、子どもの生活や園庭での遊びも季節によって大きな変化がある。そのため、季節ごとの伝統行事なども、年間計画・月間計画に取り入れ、季節感のある体験ができる工夫が大切である。

　「お散歩」などの園外保育では、園庭だけでは見られない季節による自然や生活の変化を感じることができる。「春の花や新緑を見る」「夏の虫を捕まえる」「秋の木の実や落ち葉を拾う」など、四季折々の自然に触れる体験ができるようにしたい。

　園外保育を有意義なものにするには、日頃から園の周囲の自然環境についてよく知り、「いつどこに行けばどんなものが見られるか、どんな体験や楽しみ方があるか」を把握し、適切な時期と場所を選ぶことが大切である。こうした保育者の働きかけそれによって子どもの興味や関心、野外活動への意欲が高まる。

③動物との関わり

　動物を飼育し、自分から抱いたり触ったり世話をすることによって、相手をいたわったり、生命を大切にしようとする気持ちが育まれる。また、保育者や友達と感動を伝え合い、共感し合うことを通して、自分からかかわろうとする意欲が育つ。

　園内や公園、道端などで見つけたなど、小さな生き物とのかかわりも大

切である。子どもはその姿や形、動きなどの面白さや生命の不思議さを感じ、好奇心や探究心が培われる。子どもの興味・関心に応じて飼育するのもよい。

なお、昆虫などの小動物への興味の持ち方は、子どもによって大きな差がある。そのため、子どもの発見を保育者が共感し、教えあうことによって、生命の不思議さやおもしろさを多くの子どもと共有するようにしたい。

〈保育所や幼稚園で飼育しやすい動物〉

　ウサギ・ニワトリ・ハムスター・カメ・金魚・熱帯魚など

〈子どもが捕まえたり、興味を持ちやすい小動物〉

　バッタ・カブトムシ・トンボ・セミ・チョウ・アリ・ダンゴムシ・カタツムリ・ザリガニ・カエル（オタマジャクシ）など

④植物の栽培

野菜や草花などの栽培活動は、「芽が出る」「葉が開く」「花が咲く」「実がなる」といっ植物の不思議さにふれ、植物を身近に感じることができる。また、当番を決めて水遣りをするなど自ら関わることによって興味と意欲がわき、楽しさも膨らむ。

子どもにとって日頃から食べていてなじみ深く、育てやすい作物や、大きさや形、育ち方が面白いものを選びたい。草花は、大人の目から見て美しいものだけではなく、子どもにとって親しみやすく楽しめるものがよい。子どもの興味や地域性を考え、失敗を恐れず工夫して取り組むことが大切である。

保育計画としては、3歳児頃から、育てやすいものを選んで少しづつ栽培を始め、5歳児に至るまでの活動の連続性を考えて、年間計画に組み入れるようにしたい。野菜を育てて収穫し、調理して味わうなどの体験を通して、食べ物の大切さを学ぶこともできる。さらに、日常の食べ物を作ってくれる農家の人や、料理を作ってくれる人への感謝などの気持が育まれる。

〈子どもにとってなじみ深く、育てやすい作物〉

　トマト・キュウリ・ナス・ピーマン・ジャガイモ・サツマイモ・ダイコンなど

〈大きさや色、形が面白い作物〉
　カボチャ・オモチャカボチャ・スイカ・ヘチマ・ヒョウタン・アスパラガスなど
〈子どもが親しみやすく、楽しめる草花〉
　チューリップ・アサガオ・ヒマワリ・コスモス・ヒヤシンスなど

⑤感動を共有する

　「自然のすばらしさ、不思議さ面白さを子どもと共有すること」も、子どもの自然体験を深めるための保育者の重要な役割である。子どもの体験は、身近な大人（保護者や保育者など）が驚きや感動を共有してくれることによって深まる。そのためには、保育者自身が感性を豊かに保ち、子どもの気付きや感動、その際に発する言葉を受容することが大切である。

　自然体験に限らず、気付きや発見は子どもによって異なる、同じ事象に出会っても気付いたり興味を持ったりする子どももいれば、そうでない子どももいる。子どもが発見したことや保育者自らの発見したことを他の子ども達に伝え、みんなで共有することも必要である。自然体験の感動は、保育者や友達と共感し確かめ合うことで深まり定着するのである。

(4) 社会環境

①社会への関心の広がり

　子どもの生活空間は、はじめは家庭と保育所・幼稚園が中心であるが、成長につれてその周辺へ広がっていく。子どもの興味や関心も広がり、身近な人々の生活の様子や大人の仕事を観察して、そのイメージをごっこ遊びや表現遊びなどに取り入れるようになる。

　電車やバスに乗ったり、消防署や図書館などの公共機関に関わることにより、地域社会には様々な場所や施設があり、多くの人々働いていることを学ぶ。また、友達や保護者と共に園内外の行事に参加することで、その雰囲気を味わい、楽しみながら自分なりの役割を果たし、関わったり手伝いをするようになる。

②子どもと情報

　保育所や幼稚園の生活の中で、子どもが興味を持つ情報は、主に遊び

に関することや、昆虫などの生き物、園内外の行事、好きなスポーツに関することなどである。4歳以上になり、友達と一緒に遊ぶようになると、知っている情報を友達に伝えたり、聞いたりすることで、情報の交換を楽しむようになる。子どもが活用できる情報が豊かになることは、そのまま遊びや生活の豊かさにつながっていく。

保育者が子どもの情報に対する興味や関心を引き出すことも大切である。たとえば、保育者が知っているさまざま情報の中から、子どもの遊びや生活に関係の深いものを適切に選択して伝えるなどである。

(5) 数量や文字などの取り扱い

子どもを取り巻く日常生活の中には、数や文字、記号などが豊富にある。保育者は、園での生活の中で、子どもが物の性質や形、数や文字などに興味や関心を持って関わることができるよう必要な援助を行うことが求められる。

たとえば、保育室に誕生表を貼り、誕生会をすることで、自分や友達に年齢や誕生日を知ることができる。ほかに「時計の時間」「物を配る時の数」「友達の人数」「遊びの中での数唱」「お店屋さんごっこでお金を使う」などが子どもにとって大切な数量体験となる。

園内では、名札・靴箱・ロッカーのほか様々な持ち物の全てに自分の名前が平かなで書かれており、毎日見ているうちに読めたり書けたりするようになり、しだいに文字に対する興味や関心が育まれる。やがて他の子どもの名前も読めるようになる。誕生表など保育室の壁面の文字や、絵本も子どもが文字に親しむ環境の一つである。

しかし、保育・幼児教育では、数や文字を正確に読めたり書けたり、計算ができることを目的とはしていない。言い換えると小学校の算数や国語の「先取り教育」を目指しているのではない。遊びの楽しさを犠牲にして、数量や文字の学習をさせるような活動は避けなければならない。幼児期には、生活や遊びを通して数や文字に親しみ、興味や関心・感覚を高めることが求められているのであり、このような体験が小学校の算数や国語の学びにつながっていく。なお、子どもの文字体験については、保育の内容

(言葉)のなかで詳しく述べる。

参考文献
厚生労働省『保育所保育指針』フレーベル館、2008年。
厚生労働省編『保育所保育指針解説書』フレーベル館、2008年。
文部科学省『幼稚園教育要領』フレーベル館、2008年。
文部科学省『幼稚園教育要領解説』フレーベル館、2008年。
大澤力編著『体験・実践・事例に基づく保育内容「環境」』保育出版社、2008年。

5. 保育内容(言葉)　　　　　　　　　　　　　　　　　八木　浩雄

「言葉」の意味と役割

　私たちは、日常的に「言葉」を使用し、また言葉を「文字」として書き表し、さまざまな物事を知り、そして伝え合うようにしている。すなわち「言葉」は、人間関係を支えるものであり、自身の思いや考えを伝える表現手段の1つでもある。しかし私たちはほとんどの場合、この「言葉」の存在を特に意識することなく使用している。そもそも「言葉」とは一体何であるのか。実のところ、この漠然として単純な問いに対する明確な答えはいまだはっきりはしていない。鈴木孝夫著『ことばと文化』(岩波書店、1973年)では、「言葉」について「或る一定の音的形態と一定の意味が結合したものがことばである」と定義している。そして、言葉を研究対象としている言語学分野でも音的形態の部分を中心に研究が進められてきており、「言葉」が音的形態と意味的部分によって構成されているとしながらも「ことばの内容的部分は、人間の精神活動に関係するところが多く、具体的な対象性を持たないため、つかみ所がない」と解説しており、言葉の持つ内容的部分そのものは、なお研究途上となっている。

　では、「言葉」がどのような形で使用されているのか、その役割について注目すると、以下のように大別できる。

(1) コミュニケーションの手段

学生に「言葉とは何であるか」を尋ねると、多くの学生はまずこの「コミュニケーションを支えるもの」として言葉をイメージする。すなわち、自分の気持ちや考えを誰かに伝えたり、また誰かの意見を知るために言葉を使用している。しかし、学生からの意見に注目すると言葉は、使い方によって相手に与える印象が変わる場合があるほど影響力の強いものとも指摘しており、言い方によっては人を励ましたり傷付けたりすることが可能で、時には武器になるほど強烈なものとして捉えている。

(2) 自己表現の手段

先述の「コミュニケーションの手段」とも関係するが、自分や相手の気持ちや考えを表すものとして言葉が果たす役割は極めて大きいといえる。しかし、学生からの意見でも「自分の考えや気持ちを表現するための手段」として言葉の役割を挙げる学生は大変多いのであるが、特に保育・幼児教育において「言葉」を考える際には、この自己表現するための言葉の難しさには、特に注意しておくことが必要であろう。すなわち、自分の気持ちを適切に表現するための言葉を選び出し使用することは、私たち大人でも難しいことである。幼児期の子どもにとっては、うまく感情表現が言葉で表せないとき、そのもどかしさは想像に難くないものである。

(3) 思考のための手段

冒頭で説述したが言葉は音的形態と意味的内容が合わさったものであり、少なくとも私たちが知覚し得るもの全て言葉で表現されている。この場合、名前と換言してもよいだろう。前掲『ことばと文化』では「ものとことばは、互いに対応しながら人間を、その細かい網目の中に押し込んでいる。名のないものはない。『森羅万象には、すべてそれを表すことばがある。』」と指摘しているが、私たちの身の回りのモノやコトなどあらゆる対象には言葉が付与されている。そして言葉が付与されることによって、私たちは、はじめてそれらの認識を可能としている。すなわち人間は、五感によって自らの周りの世界を知覚すると共にそれらに対して言葉を付与して認識し

思考へと結び付けているのである。

(4) 行動をコントロールする手段
　他人から注意を促される場合、「〜してはだめ」・「〜しなさい」と命令的に言葉をかけられることがあるが、こうした行動に対する抑制や促進の言葉を、自分で自身に語りかける場合もある。また、自分自身に「気を付けて、気を付けて」と言い聞かせながら、集中する場面などがある。こうした、自分自身に対してあえて言い聞かせるかのように、注意・集中を促す意味で言葉を使用する場合もある。

(5) 自我形成を支える役割
　(1)〜(4)の手段を踏まえて、私たちは多くの場合、言葉を使用する上で、他人と自分または自分自身という立場を意識しながら言葉を使用している。その結果、「自分」という存在を強く意識する場面に直面することから、言葉は自我形成を支える側面を担っているのである。

　以上のような言葉の役割をまとめると、次のようになるであろう。
　「言葉」は、「自分」と周りのもの（他人、環境など）とを区別し、また自分を自分であると自覚させるものでもあり、そして時に自分の中で自分に問いかけなどを行う（思考する）ために用いられるものであり、今日の人々の「生きる力」を支えるものの1つとなっている。

「言葉」の獲得とその準備段階
　言葉の意味や役割についての定義は前項で見てきたが、言葉が持つ意味的内容は具体的に説明し切れないという矛盾の中で、私たちは言葉によってモノ・コトを認識し、他人との理解の手段に用いてきている。すなわち、私たちは言葉によって表される対象を、それぞれの人の持つ理解の程度の差を暗黙の内に容認した上で、言葉によって意思の疎通を図っているのである。
　ところで、初めて「言葉」に接する子どもは、どのように言葉を理解し、

また身に付けていくのであろうか。まず乳幼児期の子どもが初めて言葉を身に付ける場合、子どもは言葉が音とそれに対応する意味が合わさっている事実を自ら気付き、そして言葉を使用していく過程へと自ら進まなければいけない。これは単なる「学習」ではなく「言葉の獲得」を意味している。特に言葉の獲得に際して、保育者をはじめとした大人は、子ども自らが言葉を「獲得」することに期待し、その援助にとどまるしか術がないのである。

では、何時ごろから言葉の獲得は始まっているのだろうか。最近の研究では、具体的に子どもが言葉を獲得する以前から、言葉を身に付けるための素地にあたる発達のあることが確認されている。例えば、新生児が人間の話し声に反応して身体の動きを同調させることを報告したコンドンとサンダーの研究（Condon & Sander, 1974）や、新生児が成人モデルの示す舌出しや口の開閉の4種の動きを全て模倣できることを報告したメルツォフとムーアの研究（Meltzoff & Moore, 1977）、新生児には言語音に対する感受性があることを報告したメレールとデュプーの研究（Mehler & Dupoux, 1990）などがあり、子ども（新生児）は出生後間もなく、すでに言葉に対する獲得の準備がはじまっていることが明らかにされている。また、こうした研究例は、言葉の獲得の準備段階であると共に人間関係の基礎となる「人（顔・表情）」に反応する力を持っていることも意味している。

そして、大人（主に母親）が、この時期の子ども（赤ん坊）に「いないいないばー」などのお遊びを通して赤ん坊との関わりを自然と行うようになる。赤ん坊は大人のしぐさを模倣したり、大人が自分の発声に対して反応することや注目することに楽しさを感じ（共鳴反応・共感反応）、信頼関係や愛着を形成していく。さらに、子どもが目の前の対象（もの・人）と直接に関わるコミュニケーション関係（二項関係）から、ものを介して人と関わる、または人を介してものと関わるといった第三の対象に関わることのできる「三項関係」が成立すると、「指さし」などの共同注意へ発展が見られ、そして「言葉」での対象に対する置き換えが可能となっていく。

以上のように、まだ言葉での意味付けはできていないが、乳幼児期は共鳴反応と三項関係を通して「自分」・「相手」・「第三の対象」とそれぞれの位置関係を理解する段階の発達をしている。しかし、この「対象」に対す

る位置関係の理解は、やがて言葉と結び付くきっかけになり、その意味ではこの時期の子どもとの関わりは、将来の言葉の獲得の為にも非常に大切なものとなっている。

幼稚園教育要領・保育所保育指針の「言葉」の領域

幼稚園教育要領や保育所保育指針では、5領域の中で言葉の領域は第4番目に取り上げられている。本項では、幼稚園教育要領と保育所保育指針にある「言葉」の領域の意味と「ねらい」・「内容」を抜粋し、その留意点について説述していく。

幼稚園教育要領「言葉」

> 経験したことや考えたことなどを自分なりの言葉で表現し、相手の話す言葉を聞こうとする意欲や態度を育て、言葉に対する感覚や言葉で表現する力を養う。

ねらい

> 1. 自分の気持ちを言葉で表現する楽しさを味わう。
> 2. 人の言葉や話などをよく聞き、自分の経験したことや考えたことを話し、伝え合う喜びを味わう。
> 3. 日常生活に必要な言葉が分かるようになるとともに、絵本や物語などに親しみ、先生や友達と心を通わせる。

内容

> 1. 先生や友達の言葉や話に興味や関心をもち、親しみをもって聞いたり、話したりする。
> 2. したり、見たり、聞いたり、感じたり、考えたりなどしたことを自分なりに言葉で表現する。
> 3. したいこと、してほしいことを言葉で表現したり、分からないことを尋ねたりする。
> 4. 人の話を注意して聞き、相手に分かるように話す。
> 5. 生活の中で必要な言葉が分かり、使う。
> 6. 親しみをもって日常のあいさつをする。
> 7. 生活の中で言葉の楽しさや美しさに気付く。
> 8. いろいろな体験を通じてイメージや言葉を豊かにする。
> 9. 絵本や物語などに親しみ、興味をもって聞き、想像をする楽しさを味わう。
> 10. 日常生活の中で、文字などで伝える楽しさを味わう。

以上のように、幼稚園教育要領の「言葉」の領域には、3つのねらいと10の内容がある。

その内容の特徴は、大きく分けると、①幼児が言葉を獲得することに対

して指摘し、②幼児が他人の言葉や話を聞く姿勢を身に付けていくことを指摘し、③幼児が言葉で自分の考えや感情を伝えようとすることを受け止めてあげ、④幼児が言葉を通して他人と関わることを重視する、ことについて取り扱っており、幼稚園教諭は以上の点に留意しながら関わることが求められている。

　乳幼児期の子どもの発達の様子は、保育所保育指針の「第2章　子どもの発達」によって大まかな把握ができると共に、各年齢段階に応じた言葉の獲得の様子が明らかにされている。「言葉」の領域では、この子どもの発達段階を踏まえた上での関わりの視点として注目することが大切である。

保育所保育指針「言葉」

> 経験したことや考えたことなどを自分なりの言葉で表現し、相手の話す言葉を聞こうとする意欲や態度を育て、言葉に対する感覚や言葉で表現する力を養う。

　先述の幼稚園教育要領の「言葉」の領域についての説明と同様の内容となっている。

ねらい

> 1. 自分の気持ちを言葉で表現する楽しさを味わう。
> 2. 人の言葉や話などをよく聞き、自分の経験したことや考えたことを話し、伝え合う喜びを味わう。
> 3. 日常生活に必要な言葉が分かるようになるとともに、絵本や物語などに親しみ、保育士等や友達と心を通わせる。

　幼稚園教育要領の「言葉」のねらいと比較すると3.の「保育士等」の部分のみが異なっているのであるが、保育所保育指針解説では「乳幼児期には言葉への感覚を豊かにし、言葉を交わすことの楽しさが十分味わえるようにしていくことが重要」と指摘しているように、保育士は子ども（乳幼児）の言葉獲得のための基盤作りを意識して関わることが強調されている。

内容

> 1. 保育士等の応答的な関わりや話しかけにより、自ら言葉を使おうとする。
> 2. 保育士等と一緒にごっこ遊びなどをする中で、言葉のやり取りを楽しむ。
> 3. 保育士等や友達の言葉や話に興味や関心を持ち、親しみを持って聞いたり、話したりする。

4. したこと、見たこと、聞いたこと、味わったこと、感じたこと、考えたことを自分なりに言葉で表現する。
 5. したいこと、してほしいことを言葉で表現したり、分からないことを尋ねたりする。
 6. 人の話を注意して聞き、相手に分かるように話す。
 7. 生活の中で必要な言葉が分かり、使う。
 8. 親しみを持って日常のあいさつをする。
 9. 生活の中で言葉の楽しさや美しさに気付く。
10. いろいろな体験を通じてイメージや言葉を豊かにする。
11. 絵本や物語などに親しみ、興味を持って聞き、想像する楽しさを味わう。
12. 日常生活の中で、文字などで伝える楽しさを味わう。

　以上のように、保育所保育指針の「言葉」の領域には、3つのねらいと12の内容がある。

　保育所保育指針では、「保育」とは「養護」と「教育」を合わせたものとして位置付けており、保育士は特に乳幼児の発達段階を踏まえた関わり方に留意することが求められている。そして「言葉」は「教育に関する内容」の位置付けであり、乳幼児期の段階でも言葉の獲得に必要な保育士からの関わりが求められている点を留意しておく必要がある。

「言葉」を用いた活動例

　最後に、幼稚園や保育所で行う活動の中で、特に「言葉」とも関係するものについて幾つか紹介しておくこととする。

指遊び・手遊び
　保育においては、活動の区切りや導入として用いられることが多い。子どもにとっては、指や手を自由に操る楽しさ、歌や言葉のリズムや旋律に合わせて身体を動かす楽しさ、緊張と弛緩の繰り返しの心地よさなどがある。大人と遊んで十分に満足感を得た経験は、友達同士の遊びに引き継がれ、歌詞や動きを変化させたバリエーションが生まれることもある。保育者がレパートリーを多く持つことによって柔軟な対応が可能となる。

ストーリー・テリング (story telling)
　お話を語ることで、素話（すばなし）、おはなし、語りなどとも呼ばれる。物語を覚えて子どもたちに語ることをいう。視聴覚教材などを一切用いず、人の声のみで語る。子どもが言葉の美しさやリズムに敏感になり、豊富な語彙や表現力を養うのに大きな力となる。また、お話を楽しむと同時に、子どもと読書の楽しみを結び付けることを目的としている。日本でのストーリー・テリングはアメリカの公共図書館の児童サービスで重視され普及してきたものを受け継いで発展してきた。

絵本
　絵や言葉（時に絵だけ）でストーリーやテーマを物語る、主として子ども読者を対象として作られた本を指す。表現技法、表現方法、内容ともに多種多様である。文字なし絵本、仕掛け絵本、大型・小型絵本、布の絵本、写真絵本、切り絵・貼り絵絵本、版画絵本、物語絵本、昔話絵本、知識絵本、科学絵本、保育絵本、しつけ絵本、あいうえお絵本、赤ちゃん絵本、翻訳絵本など内容等によって様々な呼び方があり、対象年齢や内容によって選定し使用することが望ましいといえる。

紙芝居
　平面な紙に描かれた動きのある絵に合わせて、セリフ中心の脚本で芝居を演じて展開する。子どもにとっては、友達と一緒に観て共感する楽しさや、演者との交流を味わえる。絵を1枚ずつ抜きながら話を進めていく素朴な方法で、手軽に演じることができるが、それゆえ内容把握が不十分になったり、保育の時間つなぎに使用するなど、簡単に扱われる傾向がある。演者は作品の特性を生かし効果的に演じる為に、声・間・抜き方など演出効果を工夫する必要がある。（教材研究の必要）

ペープサート（Paper puppet theater）
紙に描いた絵（遠目がきく平面な絵で、人形の余白は白いまま）を竹串の両面に貼り、それらの人形を移動・反転・転画しながら展開する紙人形劇。幼児の場合、描いた絵を切り抜き、割り箸などの棒にセロハンテープで付けただけで簡単に人形を作れること、自分の作った人形ですぐに遊べることなどが魅力の一つとなっている。ペープサートの人形は、主に基本人形（表と裏の人形画のポーズが全く同じで向きが逆のもの）、活動人形（同一人形が違うポーズをしているもの）、景画（背景や大道具・小道具を描いたもの）、活動景画（表と裏の絵が異なる景画）の4種類で構成されている。

パネルシアター（flannel board presentation）
毛羽立ちのある布は布同士で付着するという特性を利用した視聴覚教材。フランネルグラフとして教会や教育現場で用いられてきた。古宇田亮順が1973年に、この原理を生かし毛羽立ちのよいパネルを舞台として、丈夫で着色のよい不織布（ふしょくふ、Pペーパー）に図柄や絵人形を描いて、演者が付けたり取ったりしながらお話やクイズ、歌、手遊びを展開するものを考案し、「パネルシアター」と命名した。

参考文献
乙訓稔編著『幼稚園と小学校の教育──初等教育の原理──』［改訂版］東信堂、2013年。
谷田貝公昭監修、中野由美子・神戸洋子編著『新・保育内容シリーズ4　言葉』一藝社、2010年。
小田豊・芦田宏編著『保育内容 言葉』北大路書房、2009年。
鈴木孝夫著『ことばと文化』岩波書店、1973年。

6. 保育内容（表現）

音楽表現　　　　　　　　　　　　　　　　　　　　　　　長谷川恭子

(1) 幼稚園教育要領および保育所保育指針における音楽教育の位置づけ

　音楽は、乳幼児の生活においてさまざまな役割を果たしている。保育現場において、音楽は独立した活動だけではなく、他の表現領域（造形、身体表現）と統合された活動としても扱われている。

　幼稚園教育要領および保育所保育指針の「表現」は、「ねらい」においても、音楽に関わる「内容」においても同じことが記述されている。「内容」では、音楽に関わる事項について「生活の中で様々な音、色、形、手触り、動き等に気付いたり、感じたりするなどして楽しむ」「感じたり、考えたことなどを音や動きなどで表現したり、自由にかいたり、つくったりなどする」と記述されている。このことからも、乳幼児の生活の中では、音楽が独立した活動だけでなく、他の表現領域と統合されて扱うことを視野に入れていることがわかる。さらに、保育所保育指針では、「保育士と一緒に歌ったり、手遊びをしたり、リズムに合わせて体を動かしたりして遊ぶ」と記述されており、低年齢の子どもがいる保育所への配慮がなされている。

　「内容」では、音楽のみに関わる項目として「音楽に親しみ、歌を歌ったり、簡単なリズム楽器を使ったりする楽しさを味わう」が挙げられている。このように、音楽に親しみ、音楽活動の楽しさを味わった乳幼児は、小学校学習指導要領音楽編で目指される「音楽を愛好する心情と音楽に対する感性を育てるとともに（中略）豊かな情操を養う」ことができる児童に成長するのである。

　日本の保育現場において、音楽教育は子どもの発達過程をふまえ、子どもの興味に合わせた音楽を提供するものである。そのためには、子どもが積極的に表現活動ができる環境設定が必要である。また、生活の中の音に触れたり、音や動きなどを使って自己の表現をするなどの表現活動を経て、感動を共有する体験の提供も必要である。

(2) 乳幼児期における音楽能力の発達

　音楽教育を行うためには、音楽能力の発達について理解し、乳幼児期の特徴を捉えておくことが必要である。乳幼児期は、身体だけでなく、知覚や情緒、言語など、発達が目覚ましい時期である。この時期の音楽体験は、その後の音楽能力の発達を左右する。コダーイが音楽能力の発達は胎児9ヶ月から始まると述べているように、重要な時期なのである。

　乳児期において可能な音楽活動は、ほとんどが受動的なものである。音や声に反射的に反応したり、音楽に合わせて身体を動かしたり、ガラガラと音がするような玩具を鳴らして楽しむような活動から始まる。やがて、保育者と共に歌ったり手遊びをする他、楽器で表現したりするようになる。3歳頃には、子どもの意思で歌うようになるなど、能動的な音楽活動をすることができるようになってくる。

　幼児期になると、より複雑な音楽活動が可能となる。乳児期では音楽に合わせて身体を動かしていたものが、幼児期ではリズムに合わせた動きができるようになり、曲想に合わせた表現による動きもできるようになる。好きな歌を友達と歌ったり、手遊びをするなど、子どもが主体的に音楽を楽しむことができる。また、集団による音楽活動（合奏など）ができるようになるのも、この時期である。

　リズム反応について井戸（2004）は、先天的能力であり、外部からの刺激により発達していくものだと説明している。歩行や、子どもの遊びの中にみられる一定のリズムを刻むもの（縄跳びなど）は、外部からの刺激と捉えることができる。このことは、オルフの概念にもみられるものである。

　歌の発達については、二つの観点がみられる。ひとつは歌の発生について述べられたもの、もうひとつは歌の獲得について述べられたものである。

　歌の発生については、観点のひとつとして、つくり歌と言語の発達の関連性が挙げられる。一般的に、音楽の習得と言語の習得過程は類似しているといわれることがある。しかし、歌唱活動の発達過程と言語の発達過程を比較することは非常に難しい。なぜなら、初期の段階では、歌唱と言語は未分化の状態にあるようにみえるからである。初期の段階の歌唱と言語を見分けることが難しいのは、言語の要素は既に発生していても、そこか

ら歌が発生しているのかどうかを見極めるのが難しいためである。

　歌の獲得について梅澤(2004)は、正確に歌うことや歌唱学習が可能になることと理解されていると述べている。歌は、楽器などの「道具」を必要とせず、人間個体のみで行うため、音楽の表現能力や表現技術、音楽理解が全て表出する音楽活動である。一般的に、歌を獲得しているかを見極めるのに、音程の正確さや西洋音楽の調性感を基準とする。しかし、幼児期では、この基準では断定できない。梅澤は、その理由として、声帯のコントロールの未熟さの影響や、自らの歌声のフィードバックの不安定さなどを挙げている。長谷川(2009)は、保育園で行った『音研式　幼児音楽適正テスト』の結果から、幼児の音楽能力では単音の理解よりも和音の方が理解し易いと述べている。このことは、聴感覚において和声感がある程度備わっていることを示しており、さらには調性感が育成されつつあることが窺える。しかし、聴感覚が育成されつつあっても、安定した音程で歌唱できるとは限らない。このことから、幼児の歌の獲得については、歌唱として表出されたものだけでは判断することができないことがわかる。

　以上のように、乳幼児期の音楽能力の発達は、身体的な発達や外部からの刺激、感覚の発達などの影響がある。音楽的な発達が著しい時期であることから、この時期に豊富な音楽体験をさせることが重要である。保育者は、あらゆる観点から音楽に結びつく刺激を設け、音楽能力の発達を促していかなければならない。

(3) 外国の音楽教育

　外国の音楽教育の理論は、音楽の指導をするうえで多くの示唆を与えてくれるものである。本項では、一般的に取り上げられることが多いリトミック、オルフ・シュールベルク、コダーイ・コンセプトを取り上げる。

　リトミックは、エミール・ジャック＝ダルクローズ(1865-1950　スイス)が創案した音楽教育である。ダルクローズは、音楽表現を一連の動きとして捉えようとした。それは、聴覚で捉えたものが動きに結びつき、感覚となり、筋肉を動かし、頭脳へ情報を伝達し、神経組織を経て身体に伝わるというものであった。また、拍を打つための行動についても、拍を打つ行

動から次に拍を打つ行動までに注目し、この一連の動きがリズム感覚であると捉えた。このことから、ダルクローズは身体と音楽の関連性に注目した音楽教育を考えたといえる。

　オルフ・シュールベルクは、カール・オルフ（1895-1982　ドイツ）が創案したものである。多くの教育用作品や、オルフ楽器と呼ばれる打楽器類がある。オルフの音楽教育理念のもっとも基本的なあり方は、音楽教育の出発は日常的な子どもの遊びの中にあるというものである。子どもたちの日常的な遊びの中には「言葉」「音楽」「動き」が自然に存在しているが、遊ぶ行為そのものが彼の提唱する「エレメンタール」（動きとダンス、言葉が音楽と結びつき、一体となったもの）に通じるものである。この理念に基づき、オルフ・シュールベルクでは、模倣や問答（与えられたリズムやメロディによる〈問い〉に、同じ長さで変奏したものを〈答え〉として返す）、即興、オスティナート（同じ音型やリズム、メロディの繰り返し）による器楽合奏や踊りを扱った。

　コダーイ・コンセプトは、コダーイ・ゾルターン（1882-1967　ハンガリー）の音楽教育理念である。コダーイ・コンセプトにおいて、もっとも大切にされていることは、「歌うこと・民謡・移動ド」の3つである。楽器を演奏することよりも、まず歌が正確な音程で歌えることを優先していることが、コダーイ・コンセプトの特徴である。歌唱すれば自らの身体で音楽を感じられるし、器楽のような演奏技術（操作面）が必要ではない。さらに、子ども自身の音楽感覚の発達が促される。幼児期の教材として民謡やわらべ歌を扱うが、これらは五音音階により構成されている。これらを扱うことにより、音楽としても言語としても"母国語"による音楽教育をするのである。民謡やわらべ歌は、系統的な指導体系になるように配置されている。音楽能力の育成だけでなく、民族性の育成としても、意味を成している。また、徹底した移動ド唱法（階名唱）を行っている。階名唱をするということは、つまり楽曲の調性を感じるとともに、音の機能や楽曲の構成を知ることができるということである。ハンガリーでは、これらを理念とした音楽教育を、保育所から専門大学まで、系統立てて行っている。

　これらの音楽教育にはさまざまな理念が挙げられているが、どの理念も

子どもの発達を念頭に置き、その上に音楽的発達を重ねている。

　西洋音楽の文化をベースとしてもっている国の理念であるため、詳しくみていくと日本の文化と置き換えることは難しいような内容もみられる。西洋音楽と日本の音楽は、その要素（音組織など）が大きく違うからである。しかし、日本の現状は明治期の西洋音楽導入以来、西洋音楽の文化が主体となっている部分が多くある。そのため、これらの理念に日本の音楽を無理にはめ込まなくても良いと考える。日本の音楽は、日本の文化としてその素晴らしさを示せば良い。

　外国の音楽教育の理念を知る意味は、これらをそのまま導入するということではなく、示唆を得て、子どもの音楽環境をどのように良くしていくかについて考えることにある。

(4) 音楽教育における保育者との関わりと子どもの目指される姿

　子どもの生活環境の中では、多様な音楽が存在している。幼稚園や保育園での音楽だけでなく、テレビや街中で流れる音楽や、母親が与える音楽などもある。子どもは、自身の意思に関わらず、音楽が溢れる環境の中で生活を送っているのである。

　そうした生活環境の中で、保育者があえて音楽を通して子どもと関わるには、どのようなことが必要であろうか。これについて細田（2006）は、保育者と子どもの信頼関係、心身の健康と心の安定をもった子どもであること、環境（時間と静かな空間）を保障することの三点を挙げている。これらの条件が整うことで、子どもは安心して表現する場を得るのである。

　ここまで、日本における音楽教育の位置づけ、乳幼児期における音楽能力の発達、外国の音楽教育について概観してきた。全体を通していえることは、幼児期の音楽教育では、楽しさを感じることと、身体で音楽を表現すること、さらに身体の内側で起こる音楽にも目を向けることが必要だということである。これらをふまえた幼児期の音楽的な表現活動には、保育者の援助が不可欠である。たとえば、遊びの中でリズムやメロディのオスティナートをしたり、言葉の抑揚をメロディに繋げていくような即興的な表現をしたり、保育者が子どもとともに歌うことで音楽の心地よさを味合

わせるなど、保育者が援助する場面は数限りなくある。

　また、子どもが音楽を楽しむ環境を整えることも、援助のひとつとして必要である。子どもが主体的に動く音楽活動の環境整備も、もちろん必要である。さらに、子どもが音楽に身を任せるような音楽環境を与えることも必要だと考える。子どもの身近な存在である保育者自らが歌い聴かせたり、楽器を弾いてみせることは、鑑賞活動となり、子どもの音楽的な興味をひくきっかけになる。このような援助を行うためには、保育者は最低限の音楽の知識と能力を身につけておかなければならない。

　乳幼児期の音楽教育では、子どもが音楽を楽しいと思うことが大切である。音楽を楽しんだ子どもは、やがて大人になり、生活の中で音楽を楽しむ。音楽は、生活に潤いを与える文化である。多くの人は、音楽を聴くことで生活の潤いを得ているであろう。そのような生活の中に、歌うことを楽しんだり楽器演奏に興味を持つなどの活動が加われば、より潤いのある生活になる。そのような姿に繋がることを目指し、乳幼児期の音楽活動を楽しませたい。

参考文献

諸井泰子編著『保育と音楽──表現者としての保育者養成──』武久出版、2013年。
井戸和秀【身体の発達とリズム反応】「幼児期の音楽的発達」『日本音楽教育事典』、音楽之友社、2004年、pp.784-785。
梅澤由紀子【歌の獲得】「幼児期の音楽的発達」『日本音楽教育事典』音楽之友社、2004年、pp.786-787。
三森桂子編著『新・保育内容シリーズ5　音楽表現』一藝社、2010年。
長谷川恭子「子どもの音高感および和音感の発達からみた保育における教材設定の観点──音楽能力診断テストの結果をふまえて──」『淑徳短期大学研究紀要』48号、2009年、pp.137-153。
岩田遵子「第6章　保育の中の表現活動(2)──音楽・身体表現を中心とする表現活動から──」入江礼子・榎沢良彦編著『保育内容表現[第2版]』建帛社、2011年。
細田淳子「第4章　幼児の音楽表現」名須川知子・高橋敏之編著『保育内容「表現」論』ミネルヴァ書房、2006年。

造形表現　　　　　　　　　　　　　　　　　　　　　　井口　眞美

(1) 乳幼児期の造形表現

　乳児期には、信頼できる大人(保護者や保育者)に温かく肯定的な目で見

守られながら、伸びやかに自己表現できる機会が必要である。0～1歳児にかけて、保育者との関わりを楽しみ、積木を積んでみせると何度となく崩して喜ぶ姿が見られる。ここに、造形的な表現活動の基盤となる、子どもの思いの"表出"を保育者が共感的に受け止める姿勢が求められる。2歳児頃になると、模倣も盛んになり簡単なごっこ遊びが楽しめるようになる。この時期には、魚釣り、新聞紙をびりびり破く遊び等、全身を使って楽しめる造形遊びの場を用意したい。

　3歳以上児においては、造形表現のための多様な環境を整える必要がある。豊かな環境の下で子どもたちは、絵の具遊び（フィンガーペインティング、はじき絵）や泥粘土遊び等、ダイナミックな遊びを通して気持ちを発散させたり、野菜（ピーマン、オクラ、レンコン）を用いた野菜はんこ、自然物（落ち葉やドングリ、松ぼっくり）を用いたリース作り等、身近なものを使って思い思いのイメージを表現したりする。更に5歳児になると、友達と協力して何日もかけて秘密基地を作る等、協同的な造形遊びも見られるようになる。

(2) 遊び場面に見られる造形表現

　3歳以上の幼児を預かる幼稚園ではどのように造形遊びが展開しているのであろうか。〈表1：5歳児つきぐみ日案〉を見てほしい。これは、A幼稚園のある日の日案である。遊びの場面では、積木の場での遊び、小型積木での遊び、木工遊び、製作遊び等、様々な造形遊びの場が保障され、子どもたちが自分のしたい遊びに取り組めるように計画されている。ここでは、それぞれの造形遊びにおける保育者の援助にも着目して解説する。

【積木の場で遊ぶ】

　　積木の場では積木を組み立ててお家を作り、ハムスターやお家の人々になりきってごっこ遊びを楽しむ日々が続いている。保育者は、時折流動的になりがちな遊びを充実させ、更に楽しくなるよう、子どもの様子を見計らいながらお店やさんごっこやお金作り等、遊びに使う物を作ることを提案しようと考えている。

【製作コーナー　～遊びに使う物を作る～】

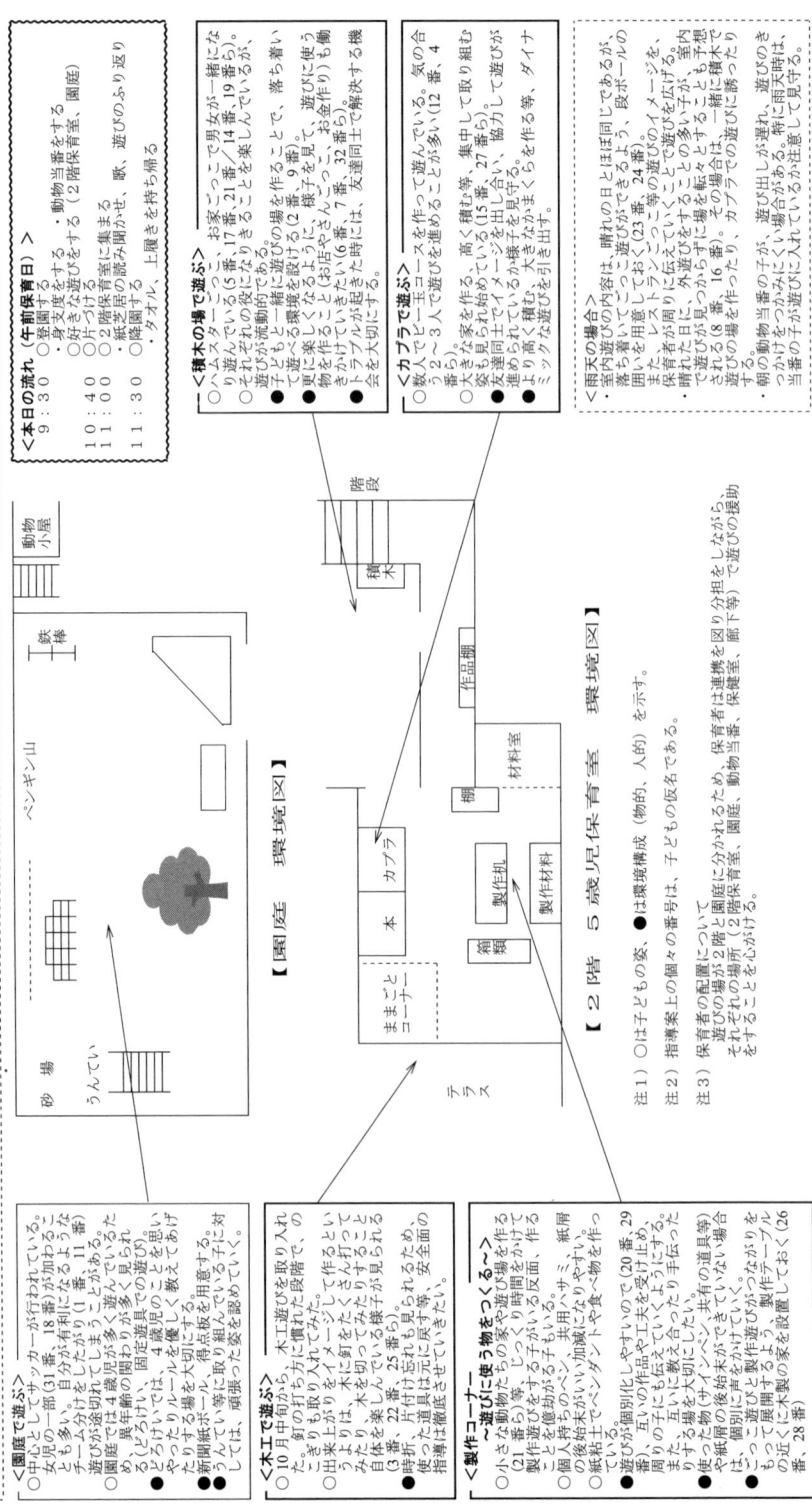

表1 5歳児つきぐみ日案

10月27日（金）9:00～11:30
（5歳児男児15名、女児15名、計30名）

<本日のねらい>
○お家ごっこやお店やさんごっこ、サッカー等を通じて、自分たちの遊びの中に作る遊びを取り入れ、友達とのやりとりを楽しむ
○ごっこ遊びの中に作る遊びを取り入れ、遊びをより楽しくしようとする
○友達との意見の食い違いがあった時に、話し合って解決していこうとする

<本日の流れ（午前保育日）>
9:30 ○身支度をする ・動物当番をする
    ○好きな遊びをする（2階保育室、園庭）
10:40 ○片付ける
11:00 ○2階保育室に集まる
    ○紙芝居の読み聞かせ、歌、降園のふり返り
11:30 ○降園する
    ＊ダブル、上履きを持ち帰る

【昨日までの様子】
大型積木やベンチ、テーブルを使い、男女が混じってごっこ遊びをすることが増えてきた。互いの場を見合って、関心が向かっていることも多くなってきた。お店屋さんごっこでは、チームで分担をしたがる子が多く、自分たちのやりたい役になれなかったり、小型積木、じゅうたんや紙飛行機等の折り紙を取り入れはじめたりして、今まで以上にやや複雑な遊びをしていて、カプラに入ってからは、大きなかまぼこ型にしてより高く積み、友達と協力してより高く積もうとしていたが、すぐに保育士に解決を頼るため、友達とお互いの意見を伝え合い、頑張りぬく姿を大切にしていきたい。

【園庭】
（図：砂場、うんてい、ペンギン山、鉄棒、動物小屋）

<園庭で遊ぶ>
○中心としてサッカーが行われている。女児の一部（31番、18番）も加わってチーム分けもしたがり、自分の有利になるようなチーム分けをしたがる（1番、11番）
○新聞紙ボール
○うんてい等に取り組んだ得意の子（4歳児）には、4歳児での遊びを思い出しながら、固定遊具が多く見られる（3番、22番、25番）
○時折、片付けでも見られるため、使っている道具は元に戻す等、安全面の指導はルールを優しく教えてあげていきたい

<木工で遊ぶ>
○10月中旬から、木工で釘を打ち始めた段階で、木工で遊び始めた子が多くいる
○出来上がりをイメージしたさん打ちしうとし、木を切ったりはしっこで釘を打ったりを楽しんでいる様子が見られる（6番、7番、32番）
○個々の関わりが少ないため、友達同士で解決する時には、会話が大切にする

<製作コーナー ～遊びに使う物をつくる～>
○小さな動物や、小さなものづくりを作る場を与え、工夫をし合うよう作品作りを受け止め、周りの子たちも興味をもって集まり、やり方を教え合う（21番）
○製作遊びをするための時間をかけて、個人個人の作品（サインペン、共用のハサミ、紙コップ等の共用の道具）
○紙皿や折紙を使って紙吹雪などになって遊んだ後もきれいになりにくいため、ごっこ遊びをする製作遊びに広がるよう、製作テーブルの近くに木製の家を設置しておく（26番、28番）

【2階　5歳児保育室　環境図】
（図：ままごとコーナー、テラス、木、カプラ、棚、製作机、製作材料、作品棚、材料室、階段、積木）

<積木の場で遊ぶ>
○ハムスターのお家ごっこで男女が一緒になって遊んでいる（5番、17番、21番、14番、19番）。落ち着いて遊んでいる場を設けることで、遊びを楽しくしようと、様子を見て、大切にしていく
○さらに楽しくなるように、お店やさんごっこ（6番、7番、32番）、お店のかまぼこ作りを見たり、友達同士で解決する時には、保育士と一緒にする
○テーブルを使って遊んでいる様子

<カプラで遊ぶ>
○数人でドミノコースを作って遊んでいる
○大きな家を高く積み重ね、集中して取り組む姿を見る
○友達同士でイメージを出し合って遊び合う様子が多く、協力して遊ぶ等、気の合う友達同士で遊ぶことが多い（12番、4番）
○高く積む時には、大きく積んだら、ミックスして遊ぶ等、ダイナミックな遊びを出す

<雨天の場合>
○雨天時の内容は、晴れとほぼ同じであるが、段ボールの素材を用意しておく（23番、24番）
○保育室は遊びイメージを広げられる場を伝えておく、保育者が一緒について遊びを広げていくことで多い状況が伝わる、室内で遊びが多くなるようにする。子ども同士が一緒に遊びの場を持ちやすくする（16番）
○朝の動物当番の子が、遊びに出しから遊びに誘ったり、カプラでの遊びに入り、特に雨天時は当番の子をうんていに入っている遊びに入れて、話し合いに入って注意して見守る。

注1）○は子どもの姿、●は環境構成（物的、人的）を示す。
注2）指導案上の個々の番号は、子どもの仮名である。
注3）保育者の場が分かれるため、保育者は連携を図り分担をしながら、それぞれの場所（2階保育室、園庭、動物当番、保健室、廊下等）で遊びの援助をすることを心がける。

ハムスターの家作り、紙粘土のペンダントや食べ物作り、スターウォーズごっこに使う剣作り等、いずれも子どもの興味関心から生じた「作りたい気持ち」を動機とする造形遊びである。なりきるための衣装や道具を作るという造形遊びを取り入れることで、子どもたちのごっこ遊びはより豊かなものになる。ここで保育者は、個別化しやすい製作コーナーでの遊びの中で、友達同士で教え合ったり手伝ったりする機会を大切にし、友達同士のかかわりを広げたいと考えていることがわかる。

【木工で遊ぶ】

5歳児になると、金槌で釘を打つこと自体を楽しむ遊びから始まり、徐々に作りたい物のイメージを描きながら木工遊びを行うようになる。もちろん、そこには保育者の十分な安全への配慮がある。落ち着いてじっくり取り組める場を設定したり、金槌や鋸の使い方を丁寧に説明し、釘は必ず1本ずつ取るというルールを決めたりする。

このように、幼稚園のある一日を見ただけでも、ごっこ遊びに使う物を作る、小型積木や木工で思い思いの物を作る等、実に多くの造形遊びが展開されていることがわかる。その背景として、保育者が、子ども一人ひとりの興味関心に基づき、思い思いの遊びができるよう周到な環境を用意していることが日案から読み取れるだろう。更に、保育者は、この子には一人でじっくり取り組めるよう作り方のアドバイスをしよう、あの子には友達とかかわる場がもてるように新しい遊びを提案してみよう、多人数でダイナミックな遊びができる遊具を用意しよう等、一人一人の思いに添うよう、かかわり方を変えながら豊かな表現活動を支えている。

(3) 子どもの思いを大切にした造形表現のために

次に、子どもの思いを大切にした造形表現のためのポイントについて述べる。

1) 遊びの中から造形活動を広げる　〜お店屋さんごっこ (4歳児) 〜

これは、遊びの中で生まれた子どもの思いをくみ取り、クラスでの「お店屋さんごっこ」へと発展させた実践例である。クラスでの活動は、保育者が決めた活動内容を"させる"のではない。その時期のねらいをふまえ

つつも、遊びの中から生じた子ども一人ひとりの思いを丁寧に受け止め、クラス全員での造形遊びへと展開させることが大切である。

　9月中旬、A男が保育者に「焼き鳥屋さんをしたい」と言ってきた。そこで、保育者は、焼き鳥を作るための材料（色紙、割り箸）とその場で作ったレジを渡した。すると、焼き鳥屋さんに興味をもった友だちが集まってきて、どのように焼き鳥屋さんをしようか相談を始める。また、ままごとコーナーでは、お家ごっこをしていたメンバーがジュース屋さんを始めたり、空き箱にくじを入れて友達に引いてもらう占い屋さんが数日続いたりした。

　遊びの中で様々なお店屋さんが出ては消え、また現れながら、多くの子にお店屋さんごっこの具体的なイメージが浸透した10月初旬。遊びの場面でのお店屋さんごっこは、各自のしたい時に取り組める自由さはあるものの、時にお客さんが来てくれなかったり、店員さんが少ないため商品が足りなくなってしまったりすることもあった。それだけに「もっとたくさんの人を呼んでお店屋さんをしたい」といった子どもたちの声も聞こえてきた。そこで、保育者は「焼き鳥屋さん、ジュース屋さん…いろいろなお店屋さんをしたね。今度は、みんなで『お店屋さん』を開いて、年少さんやお家の方々を招待してみない？」とクラス全員に呼びかける。こうして、クラスで集まる場面でお店屋さんの準備を進めることになった。保育者は、クレープ紙、ビーズ、紙粘土等、多様な造形表現が楽しめるような素材を用意し、それぞれのお店に対応できるようにした。

　もちろんのことながら、遊びの時間にも「続きをやりたい」とお花屋さんに取り組み続ける子もいる。保育室の一角には、保育者がお店屋さんで遊べるカウンターを常設したため、お花屋さんやジュース屋さんがかわるがわる行われていた。このように、遊びの場面から生まれたお店屋さんごっこは、クラスでの取り組みへと発展し、10月半ばに開かれたお店屋さん当日も、年少児を呼んだり保護者を招いたりして楽しい一日となった。

2）興味関心のあることがらを造形表現につなげる　〜影絵遊び（5歳児）〜

　5歳児クラスでは、1月に「卒園を祝う会」で影絵劇を行うことにした。5人位のグループごとにストーリーを考え、影絵人形を作る。卒園を間近

写真1：生活に根ざした
　　　　ストーリーの影絵

写真2：絵本のイメージを
　　　　表現した造形表現

に控えたこの時期には、黒い紙に穴をあけ、カラーセロファンを貼るという細かい作業も可能になる。

　この幼稚園では、モルモットとウサギを飼育していたが、モルモットが死んでしまったことから、主人公のウサギがモルモットと出会うストーリーの影絵劇をすることで相談がまとまった。女児数人は、旅に出たウサギのななちゃんが女の子たちとかくれんぼや花いちもんめで遊ぶという微笑ましい場面を考えた。また、男児の数人は大きな恐竜を作り『ななちゃん、だいピンチ』（〈写真1〉）という場面の話を作った。最後の場面では、モルモットも登場し、みんなで楽しいパーティーとするというストーリーが完成した。お話作り、影絵人形作り、演じる練習を経て、子どもたちは年少児や保護者を招いて影絵会を開いた。

　子どもたちにとって飼育動物の存在は大きい。実際に、この影絵劇だけでなく、すぐに逃げ出すウサギのななちゃんの柵を木工で作る等、自らの生活に根ざした強い必要感から派生する造形活動が諸処に見られた。

3）総合的な表現遊びに発展させる

　　〜運動会・造形展：エルマーの世界（5歳児）〜

　9月に読み聞かせた『エルマーのぼうけん』の本を子どもたちが大変気に入ったため、10月には絵本のイメージで運動会を行った。5歳児がチームごとに作った大きなゴリラ、サイ、ワニ等は、チームのキャラクターとして園庭の片隅に飾られた。

　11月には、それらの作品に加え、『エルマーのぼうけん』に出てくる

動物たちを作って造形展で展示をした (〈写真2〉)。お話に出てくるリュウ、トラ、クロネコ等、自分の作りたい動物を身近な材料(トイレットペーパー芯、空き箱、折り紙等)を活用して作った。

この実践例では、クラスで読み聞かせたお話に基づき、運動遊び、造形遊び等、遊びを総合的に発展させながら、表現遊びを存分に楽しんだ。運動会や造形展の行事も、あくまで、その遊びの延長として開催された。

行事は、園の取り組みを保護者に理解してもらう絶好の機会でもある。造形表現に関しても、「上手下手で見るのではなく、その子がどんな思いで表現をしているか、楽しんで、その子なりの表現活動を行っているかを見てほしいこと」、そして、「行事当日も子ども一人一人のいいところを見つける目をもってほしいこと」といった保育者の願いを学級通信や保護者会等を通して伝える必要がある。造形的に完成度の高いものだけが評価される行事ではなく、子どもみんなが楽しんで準備し、当日を迎えられるような行事でありたい。

参考文献

文部科学省『幼稚園教育要領解説』フレーベル館、2008年。
厚生労働省『保育所保育指針解説』フレーベル館、2008年。
ルース・スタイルス・ガーネット『エルマーのぼうけん』福音館書店、1963年。

身体表現 井上千枝子

(1) 保育内容における「身体表現」のとらえ方

表現「身体表現」教育をどのように展開することが望ましいのか、日本における「保育の概念」、そこから発展する「保育の内容」について大正15年「幼稚園令」の制定から2008 (平成20) 年改定の幼稚園教育要領及び保育所保育指針「表現」内容に至るまでの歴史的な流れを把握しておく必要がある。

まず、日本において国や社会が「保育」という言葉を使い、仕組みを考え、制度化したのは、明治9 (1876) 年であった。それ以降、以下に示す制度や仕組みを創造しつつ今日に至っている。

1926 (大正15) 年「幼稚園令制定」、保育5項目 (遊戯・唱歌・観察・談話・

手技等）。1948（昭和22）年「学校教育法」が制定され、幼稚園教育は学校体系の中に位置づけられた。保育内容として「保育要領―幼児教育の手引き―」を制定し、「見学」「リズム」「休息」「自由遊び」「声楽」「お話」「絵画」「制作」「自然観察」「ごっこ遊び・劇遊び・人形芝居」「健康保育」「年中行事」の12の経験項目を保育内容の基準として示した。「リズム」のねらいを「幼児一人ひとりおよび共同の音楽的な感情やリズム感」を満足させ、子どもの考えていることを身体の運動に表させ、生き生きと生活を楽しませることにある。」とし、「唱歌遊び」と「リズム遊び」をあげている。

　1956（昭和31）年「幼稚園教育要領」を制定、「保育要領」を改訂し、「幼稚園教育要領」として示し、保育内容を「健康」「社会」「自然」「言語」「音楽リズム」「絵画制作」の6領域に分類。各領域の内容を総合的に経験させることとし、系統的に示すことにより小学校との違いを明示しながら、小学校との一貫性に配慮している。そして、「音楽リズム」領域において身体表現に関わる内容が含まれ、「動きのリズムで表現する」が内容となっていた。

　1964（昭和39）年「幼稚園教育要領」改定、領域別に「ねらい」が定められ、「音楽リズム」のねらいは、「のびのび歌ったり、楽器を弾いたりして表現の喜びを味わう。」「のびのびと動きのリズムを楽しみ、表現の喜びを味わう。」「音楽に親しみ、聞くことに興味を持つ」「感じたこと、考えたことなどを音や動きに表現しようとする。」ものであった。

　1989（平成元）年「幼稚園教育要領」改訂、6領域を見直し、「健康」「人間関係」「環境」「言葉」「表現」の5領域それぞれに「ねらい」と「内容」が示され、幼児に身につけて欲しい経験を目標したものとなった。

　2000（平成12）年「幼稚園教育要領」改訂、5領域の考え方は踏襲され、小学校との連携の強化、地域に開かれた幼稚園の運営の弾力化が図られた。「表現」領域の説明について、平成元年の「豊かな感性を育て」、「表現する意欲を養う」に対して「自分なりに表現することを通して、豊かな感性や表現する力を養い」と書かれている。

　2007（平成19）年、学校教育法の一部が改定され、幼稚園の目的として「幼稚園は、義務教育及びその後の教育の基礎を培うものとして、幼児を

保育し、幼児の健やかな成長のために適当な環境を与えて、その心身の発達を助長することを目的とする」と示されている。幼稚園の目的を実現するための目標として、学校教育法第23条には音楽、身体による表現、造形等に親しむことを通じて、豊かな感性と表現力の芽生えを養うこと。幼稚園教育要領に初めて「身体による表現」という言葉が登場した。

2008（平成20）年「幼稚園教育要領」、「保育所保育指針」の改訂が12年ぶりにあった。子どもが保育所において、安定した生活を送り、充実した活動ができるように、子どもの生命の保持および情緒の安定を図るために行う「援助」と子どもが健やかに成長し、その活動がより豊かに展開されるための発達の援助として行われる「教育」が一体となって展開されることに留意することが必要であるとしている。そして、その教育にかかわる内容として「健康」「人間関係」「環境」「言葉」「表現」の5領域、「生命の保持」及び「情緒の安定」に関わる内容は、子どもの生活や遊びを通して相互に関連を持ちながら、音楽を聞いたり、絵をかいたり、踊ったり、ふだんの生活の中で、遊びをどうおもしろくしていくかといったことを子どもが自分たちで工夫することで、総合的に展開されるものであるとし、子どもにとっての「遊び」の重要さが示され、特に、「動きの表現」が重視されている。

(2)「身体表現」教育が目指す保育内容

「身体表現」とは文字通りからだを使って視覚的に表現することであるといえる。心に感じた感動が時に表情に表れたり、がっくりと肩を落とすような、自然に身体に表れる他人が読み取れるものから、ダンスのように動きたい気持ちに駆られて身体を動かすもの、演劇のように集団で意志を表現するものなど、多くのものが含まれている。特に幼児では心がそのまま身体に表れることが多く見られ、年齢が増すにつれて、目的を意識して動かすことが増えていく。

表現には、身体表現、音楽表現、造形表現、言語表現を上げることがあるが、どれも心身から発する心の躍動感を、身体、声、道具を使って目に見える形にすることで、身体表現の多くはその人が空間に描く絵のような

表1 「身体表現の様々な側面」

①感情が表出する	生命力の躍動により、心が震え身体が動く。
②楽しい時間を遊ぶ	一人踊りに夢中になることもあれば、集団で遊ぶ楽しみもある。
③模倣の欲求を満たす	目にしたものを自分でもやってみたいという気持ちから、身体がその形や動きをなぞっていく。
④イメージを形にする	抽象的なイメージも、身体を使って動きや形にする。
⑤心の解放が行われる	心にうずまくものをからだの外に出して、エネルギーの発散が行われる。
⑥同調欲求を目指す	周囲と合わせていこうとする生物の本能により、リズムを合わせていくことで、快感情を得る。
⑦交流欲求を満たす	人と交わりあいたいという本能に基づいて、あるいは必要性から表現が行われる。
⑧演じる機会	人の前で演じる機会が、意識的に、組織的に行われる。
⑨空想世界に遊ぶ	子どもは現実と非現実の間を言ったり来たりして、空想世界を遊ぶことができ、その両方を楽しむ。
⑩想像力を刺激する	創る楽しさを体験しながら、想像力を刺激する。
⑪鑑賞を楽しむ	観ることは表現のイメージを自分の中に創っていく機会になる。
⑫文化の伝達	歴史の中の一人として、昔のしぐさや遊びを次の世代に伝えていく。
⑬自己確認ができる機会	表現しながら他人との区別が認識され、自分の位置が確認できる。
⑭身体運動体験	運動体験になるという観点から「遊び～運動」という側面で身体的な効果としてとらえる。

出典：文献(2)を参考に、筆者が加筆作表。

 もので、時間と空間という広がりの関係の中で示す身体を使った心の位置と言える。「身体表現」は、それを見た人が動きを見ながら自分で合成していくもので、表現するものはその過程で表現に反応してくれる人との関係により変わってくる。つまり人との関係をぬきにしては考えられないものなのである。

　身体表現教育は、想像力の増進・感情表出・身体表現の発表・摸倣欲求・心の解放・同調的動作・うそっこ世界・交流欲求・ごっこ遊びの発展・表現活動の体験・文化の伝達・自己確認・運動体験と身体的効果など、身体表現の持つ様々な側面を引き出すものであり、人との関係の中から生まれてくる。様々な側面を持ちながら行う身体表現の方法は、手あそび、足あそび、表現あそび、ダンス、体操、劇あそび、ミュージカルあそび、運動遊びなどの教材を通して、日常の保育の中や、運動会、生活発表

会、四季の行事などの機会に行うことになる。

(3)「幼稚園教育要領」及び「保育所保育指針」に見られる「身体表現」のねらい及び内容

現在の教育・保育の質の向上や充実をはかりつつ、小学校の教育につながり、将来の豊かな生活ための指針、それが2008(平成20)年に示された「幼稚園教育要領」及び「保育所保育指針」である。

「幼稚園教育要領」及び「保育所保育指針」に示された「表現」のねらい・内容及び内容の取扱については、保育教育は教育内容「健康・人間関係・環境・言葉・表現」の5領域のなかでの活動や経験を通して、子どもの育ちを援助することであり、これら5領域の教育のねらい及び内容は相互に関連するものであると捉えている。

「表現」部分にみられる身体表現に関する側面は、子どもの感性を育む観点から、表現にかかわる活動は、子どもが周囲のさまざまなものとかかわることから既に始まっており、他の領域の活動とも関連し重なりながら展開するものであり、音楽を聞いたり、踊ったり、絵をかいたりというふ

表現
　感性と表現に関わる領域として、感じた事や考えたことを自分なりに表現することを通して、豊かな感性や表現する力を育て(養い)、創造性、表現力を豊かにすることが期待されている。
1. ねらい
　(1) いろいろな物の美しさなどに対する豊かな感性をもつ。
　(2) 感じたことや考えたことを自分なりに表現して楽しむ。
　(3) 生活の中でイメージを豊かにし、様々な表現を楽しむ。
2. 内容
　(1) 生活の中で様々な音、色、形、手触り、動きなどに気付いたり、感じたりするなどして楽しむ。
　(2) 生活の中で美しいものや心を動かす出来事に触れ、イメージを豊かにする。
　(3) 様々な出来事の中で感動したことを伝え合う楽しさを味わう。
　(4) 感じたこと、考えたことなどを音や動きなどで表現したり自由にかいたり、つくったりする。
　(5) いろいろな素材や用具に親しみ、工夫して遊ぶ。
　(6) 音楽に親しみ、歌を歌ったり、簡単なリズム楽器を使ったりする楽しさを味わう。
　(7) かいたり、つくったりすることを楽しみ、それを遊びに使ったり、飾ったりする。
　(8) 自分のイメージを動きや言葉などで表現したり、演じて遊んだりする楽しさを味わう。

出典：文献(6)を引用。

だんの生活の中で、遊びをどう面白くするか、子どもが自分たちで工夫することで創造性を育て、他の幼児の表現に触れることや表現する過程をより重視している。子どもたちが「自分なりに表現することを楽しみ」「生活の中で豊かなイメージを育み」「感じたこと、考えたことなどを音や動きで表現したり、自由に踊ったり」多様な教材や活動を含みこんだ表現の仕方が示されている。そして、生活経験や心身の発達及び活動の実態などの個人差に応じ、自ら様々な表現を楽しみ、表現する意欲を十分に発揮させることができるように、遊具や用具を整えたり、他の幼児の表現に触れられるよう配慮したりすることが示されている。表現を楽しんで行いながら創造性を豊かにするよう謳われており、保育所保育指針では集団の中で子ども同士が協力して、認め合う表現活動に注目しており、その内容は、感動する体験、動きで表現する、伝え合う、演じて楽しむなど、いずれも子どもの主体性を大切にしている。

(4) 子どもの発育発達と身体表現援助

乳幼児期は子どもにとって人の基礎作りをするときである。赤ちゃんは周囲にある環境の情報を読み取って、蓄積していく。赤ちゃんが泣くとき、最初は生理的に自然に出た鳴き声であるが、泣いて保護者が来てくれると知ると、自分の意志で泣くようになり、感情の表出から自分の意思で大人に伝える表現に変えていくその時から身体表現は始まっているといえる。

生後からどのような表現過程を通過して、身体表現力が発達し、その形が形成されていくのか、また、発育発達の過程でどのような遊びや運動機能が高まるようになるのか知識を深め、発育発達及び個人差を踏まえた援助が大切である。紙面上ここでは、動きの活発さが表現され始める1歳児〜6歳児の体の発達、あそびの発達に関わる内容について示す。

(5) 身体表現の新しい動向―「幼児期運動指針」―

幼児に関わる最も新しい指針として、2013（平成25）年　文部科学省は「幼児期運動指針」を策定し、幼児を取り巻く社会環境の現状と幼児期後期の子どもの動作や運動の発達さらには体力や運動能力を危惧し、心身の

表2 乳幼児期（1歳児～6歳児）の体の発達の特性とあそびの発達

年齢	からだの特性と運動機能の発達
1歳 自由に歩き始めると同時に、言葉を使ってのコミュニケーションにも挑戦するようになる	1人立ちを経て、1人歩きができる。歩行が安定してくる。しゃがむことができる。歩いて物を運ぶ、車を押して動かせる。ボールを足で蹴る、移し替えるなどの作業ができる。スプーンを使って食べられる。積木を3個以上積める。（全身の動きを促すアスレティック遊び）。
2歳 自己主張が始まり、自分で何でもやろうとすることで、大人に対して反抗的な態度を取る	転ばずに上手に歩く。その場で両足跳びをする。足を交互に出して階段を上りしたりする。「遅い・速い」「弱い・強い」などがわかり、動きを自己調節できる。粘土をちぎったり、丸めたりする。ドアノブを回す、ミカンの皮をむくなどができる。直線・丸・十字が描ける。（リズミカルな運動遊び）。
3歳 「～しながら～する」という2つの活動を1つにまとめられるようになる	走る、よじ登る、跳び下りるなどの活動がスムースにできる。スキップができる。三輪車をこげる。2つの動作を同時に行うことができる。ジャングルジムを一段上ることができる。交互に足を出して階段を上る。マットで前方回転ができる。（走る・跳ぶ・登る・しゃがむ・投げる・引っ張る・転がる・ぶら下がる・またぐといった基本動作）、（丸めて・投げて・転がしてボール遊び）。
4歳 バランスを取る能力が発達し、からだの動きが巧みになると同時に、自我がしっかり打ちたてられる	「話しながら食べる」など、2種類以上の行動を同時に取れるようになる。左右どちらからの足でもケンケンができる。円を内側からも外側からも描ける。からだのバランスを取りながら、ブランコやシーソーなどを楽しむ。ハサミで上手に形を切り取る。つま先歩行やかかと歩行ができる。（体で気持ちを表現する歌遊び）、（おちゃらかほいの歌にあわせて）。
5歳 日常生活での基本的な習慣は、ほとんど自分でできるようになる	縄跳び、跳び箱、棒上りができる。平均台歩き、鉄棒逆上がりにも挑戦できる。かかと歩きやつま先歩きも5秒以上できる。片足立ち、つま先立ちが10秒程度できる。ボールを投げる、受け取るなどのコントロールができる。仲間との遊びが楽しくなる。（縄跳び、ボールを使った遊び、鬼ごっこ、大縄跳び）。
6歳 細かい手や指の動きが進み、文字の読み書きなどもできるようになる	鉄棒での逆上がりができる。竹馬や棒登りができる。跳び箱を連続して跳べる。その場跳びやひねり跳びが左右にできる。連続片足跳び、交互片足跳び、連続スキップ等ができる。仲間意識が育つ。（全身運動、ふろしきを使った鬼ごっこ）。

( ) 内は「表現内容」例を示す。
出典：文献 (8) を参考に、筆者が加筆作表。

発育にとって幼児期の運動実践の重要性と幼児の運動経験の機会の保障の必要性を発表した。幼児自らが自発的に身体を動かし、遊んでいる中で、楽しさや心地よさを実感し、多様な動きを身に付けていくことができるように、様々な遊びが体験できるような手立てとして、保護者や、幼稚園、保育所などの保育者が幼児期の運動の捉え方や実施方法等を共有して、運動習慣の基盤づくりを通して、幼児期に必要な多様な動きの獲得や体力・運動能力を培うと共に、様々な活動への意欲や社会性、創造性を育むことを目指し、幼児期（3歳～6歳）、小学校就学前の子どもの運動のあり方についての指針を示した。小学校教育と保育教育の連携を目指しての「体力、運動能力の向上」、「健康的な体の育成」、「意欲的な心の育成」、「社会的適応力の発達」、「認知的能力の発達」を意図した内容となっている。身体表現を「遊び～運動」という側面で捉え、身体能力及び人間力の向上までをめざした方向性がうかがえる。

　その主旨は、幼児にとっての運動は、楽しくからだを動かす運動遊びを中心に行うことが大切であると謳い、様々な遊びを中心に毎日、合計60分以上、楽しくからだを動かすことが、運動習慣の基盤となり、幼児期に必要な多様な動きの獲得や体力運動能力の基礎を培い、様々な活動への意欲や社会性、創造性などを育む運動・遊びを取り行う方向性を示している。

　指針のポイントとして、①様々な動きが経験できるように様々な遊びを取り入れる。②からだを動かす遊びが自発的に行われ、幼児が自ら様々な遊びを求めるようになる楽しくからだを動かす時間を確保する。③幼児はその時期に発達していくからだの諸機能を使って動こうとすることから無理なく多様な動きを身に付けるためにも発達の特性に応じた遊びを提供する工夫が求められている。「たくさん遊ぼう。楽しく遊ぼう。」が運動指針におけるスローガンとなっているのである。

参考文献
田辺佳子『保育内容における身体表現に関する一考察』北陸学院短期大学紀要、2006年、pp.61-69。
古市久子『幼児の身体表現活動における諸側面についての一考察』大阪教育大学紀要、1996年、pp.19-25。

古市久子編著『保育表現技術 —— 豊かに育つ・育てる身体表現』ミネルヴァ書房、2013年。
名須川智子・池田裕恵『幼児の身体表現の「意味」についての研究』兵庫教育大学紀要、2005年、pp.161-174。
平田智久・小林紀子・砂上史子『最新保育講座11　保育内容「表現」』ミネルヴァ書房、2010年。
文部科学省・厚生労働省『幼稚園教育要領・保育所保育指針（原本）』チャイルド社、2008年、pp.22-24。
大場幸夫監修『ポイント＆実践サポート　保育所保育指針ハンドブック』学研教育出版、2012年。
金子智栄子『イラストでよくわかる0〜6歳児の発達と保育』星美堂出版、2013年。
文部科学省幼児期運動指針策定委員会『幼児期運動指針　ガイドブック』2014年。

第8章 保育の計画

土屋　由

1. 保育における計画の意義

保育の計画の特性

　保育には、生涯にわたる人間形成にとって極めて重要な時期にある子どもの現在が心地よく生き生きと幸せであること、その未来のために生きる力の基礎を培ってほしいなどといった保育の目標がある。保育者はこの目標に向けて、目の前にいる子どもたちの育ちを支え援助する役割がある。では、目標に向かって、実際に目の前の子どもをどのように捉えて、どのように実践をしていくのだろうか。そこでは、子どもの発達の基本的な考え方や保育内容等の理解に基づき、保育のねらい、内容、保育者の援助や配慮を明確にする必要がある。それが保育の計画である。

　保育の計画というとみなさんは、どのようなイメージをもつだろうか。達成するべきものとして計画をイメージする、それともあくまでも計画は計画で、その場や状況に応じて変更するものというイメージであろうか。保育の基本は、子どもの主体性を尊重し、子ども自ら環境にかかわり、環境との相互作用を通して多様な体験をすることで、子どもが心身ともに健やかに育つということである。従って、保育の計画とは、子どもの自然な生活や遊びが営まれる中で、極めて柔軟に子どもの生活に寄り添いながら、しかし、一方で保育の目標が達成されるように計画的であるものということになる。

　例えば、遊びということをとっても、遊びは子どもが環境にかかわって生み出すものであり、保育者は予想することはできても、あらかじめ設定

しておくことはできない。ある保育園の1歳児の子どもたちが、園庭に遊びに出ていた。砂場に座って、シャベルで砂をすくって、コップやお皿に入れる子ども、プランターの植物に興味をもつ子ども、保育者と一緒にボールを追いかける子ども、まてまてと駆けている子どもとその場で展開される遊びは多様である。また、そこには飛行機が保育園の上を通り過ぎたり、アゲハチョウの幼虫を見るといった偶発的な要素も加わる。

　保育者は、子どもたちにとって必要な経験は何かということを短期的長期的に考えながら、それぞれの子どもの興味や関心の方向を探りながら、援助の方向を考える。環境に子どもが主体的にかかわる姿を尊重し、十分に遊べるように時間的・空間的・物的環境を整える。先の1歳児の様子についていえば、長期的には、子どもの生活にかかわりそうな植物や虫の集まりそうな植物を園内で育てようと環境を見直すことが出てくる。短期的には砂場で遊ぶ道具やボールを環境として用意することなどがある。子どもが遊ぶ姿、そこには子どもの姿を引き出そうとする保育者の意図的な長期的・短期的な計画による環境の構成が行われているのである。

保育所保育指針・幼稚園教育要領における保育の計画

　保育所保育指針や幼稚園教育要領では、保育の計画についてどのように説明しているだろうか。

　保育所保育指針では、保育所は総則に示されている目標を達成するため、全体的な計画である「保育課程」を編成し、それを具体化した「指導計画」を作成するものとされている。そして、この「保育課程」と「指導計画」を合わせたものを「保育の計画」と呼ぶ。

　幼稚園教育要領では、「保育課程」ではなく、「教育課程」という言葉を使い、保育所における「保育の計画」にあたる言葉は使われていない。

　「教育課程」は、幼稚園における教育期間の全体を見通したものであり、幼稚園の教育目標に向かって、子どもがどのような筋道をたどっていくかを明らかにした全体的な計画であるのに対し、「指導計画」は目の前の子どもの生活する姿に応じた具体的な計画ということになる。

　保育の計画についておおまかに捉えると、各保育所や幼稚園の全体的な

計画は、保育課程や教育課程に示され、その園の子どもの育つ方向性を指し示す。そして、保育室の環境をどうしようか、Aちゃんの遊びの援助はどうしようかといったことは、指導計画が扱うということになる。

保育における計画の必要性

次に保育における計画の必要性を考えてみよう。

計画というものは、だれかが作成したものを借りてくるわけにもいかず、目の前の子どもに合わせて立案するものである。立案するということは、それなりに労力が必要であり、実習生だけでなく、保育者にとっても、「子どもの保育だけなら楽しいけれど、計画や記録は大変」というものである。それだけに、計画を立てることの意味について、確認しておきたい。

1つは、保育所においても幼稚園においても、責任ある保育を展開しなければならないということである。責任あるということは、計画を実行したということではなく、どのように子どもの姿を読み取り、どのような目標をもって、どのような計画を立て修正したのかという筋道を説明できるということである。保育所保育指針では、保育所の社会的責任として、保護者や地域社会への説明責任があげられているが、この保育の計画は、保育所や幼稚園が社会的な信頼を得るために大きな力となるものである。

2つ目に、計画は保育を常により良いものにするためのものであるということである。計画、実践、評価、改善という一連の保育の過程を通して、保育者自身が子どもを観察する力や子どもの内面を理解する力を磨き、園全体の計画である保育課程や教育課程、年間指導計画に立ち戻っては子どもの発達を見通し、計画や実践を子どもの視点に立ったものへと高めていくのである。また、保育に当たる職員も様々な職種、勤務体制で構成されるという今の状況において、計画を通して保育についての共通理解を図ることもできる。これについても、保育所保育指針では、保育の計画がその機能を果たすと述べる。

3つ目に、子どもがより安心感をもち、自己を十分に発揮しながら生活し、遊びを展開し、多様な体験を積むことができるためである。子どもの主体性を尊重する、また多様な体験につながるような保育を考えていく、

そのためには、行きあたりばったりの保育ではなく、綿密に考え抜かれた計画が必要なのである。また、遊びは子どもが主体であるから、その日になって子どもがまた違う思いを抱くこともあり得るし、あるいはその日、朝病院に寄ったことで登園が遅くなり、その日はうまくリズムに乗れないこともある。子どもの状況を理解して、子どもの生命の保持や情緒の安定への配慮についても一貫性や計画性をもつことは、保育の基本である。

2. 保育課程・教育課程の意味

ここでは、保育所、幼稚園の全体的な計画である保育課程・教育課程について、それぞれの特徴を整理する。

保育課程

保育所では、保育所保育指針に基づき、児童憲章、児童福祉法、児童に関する権利条約等に示されていることを踏まえ、子どもの心身の発達や家庭及び地域の実態に即した保育課程を編成することが大切とされる。

(1) すべての子どもを対象とする保育課程

保育課程という言葉は、平成20年改訂の保育所保育指針において使われ始めた言葉である。その背景として、現在の保育所における延長保育、障害児保育、病児・病後児保育、子育て支援センター事業などの特別保育事業の展開、さらには保護者支援や食育などの新たな職務など、保育所保育の広がりをどう位置付けるかということがあげられている。

保育課程は、新しい用語であるが、概念自体は新しいものではなく、これまでの保育所保育指針には、「保育計画」という用語で示されていたものである。しかしながら、「保育計画」がただ単に「保育課程」という用語に置き換わった、あるいは幼稚園の「教育課程」に対応する形となったと単純にいえないところもある。

平成11年改訂の保育所保育指針においては、保育計画はつぎのように記されている。

保育計画は、第3章から第10章に示すねらいと内容を基に、地域の実態、子どもの発達、家庭状況や保護者の意向、保育時間などを考慮して作成する。

　ここにある「第3章から第10章に示すねらいと内容」とは、「6か月未満児の保育内容」から「6歳児の保育内容」を指す。つまりは、入所している子どもを対象とした発達カリキュラムとしてとらえることができる。地域の実態や家庭状況を考慮しているが、通常の保育の対象となっている入所児を念頭においていると捉えられる。
　次に、平成20年改訂の保育所保育指針解説書（以下、解説書）での、保育課程についての説明をみる。

　「保育課程」は、保育時間の長短、在所期間の長短、途中入所等に関わりなく入所する児童すべてを対象とします。保育所の保育時間は、児童福祉法第34条に基づき、1日につき8時間を原則とし、地域における乳幼児の保護者の労働時間や家庭の状況等を考慮して、各保育所において定めることとされています。さらに、延長保育、夜間保育、休日保育などを実施している場合には、それらも含めて子どもの生活全体を捉えて編成します。　　（厚生労働省「保育所保育指針解説書」）

　このように保育課程とは、保育時間や在所期間の長短、途中入所等に関わりなく、すべての子どもを対象としたものであること、通常の保育と特別保育という制度上の枠はあるが、どちらも保育所保育として同等に捉えていくことが、その性格としてあげられる。これらの考え方は、以前の保育所保育指針にはみられなかったものである。
　保育所では、子どもの家庭環境や成育歴、また保育時間や保育期間も一人一人異なっており、年度途中での入退所も少なくない。また保育時間についても、一日8時間が原則とされているが、保護者の勤務時間、通勤時間などの事情により11時間保育を行う園や11時間保育以降に延長保育を行う園も多くある。さらには、子どもの登園時間についても、早朝から

10時頃までと幅がある。保育所での子ども一人一人を取り巻く状況は様々である中で、それぞれにふさわしい生活の中で、保育目標が達成されるよう、保育所全体で取り組もうとするものである。

(2) 保育課程と保護者への支援や地域の子育て支援

保護者への支援や地域の子育て支援については、解説書において「保育課程に密接に関連して行われる業務と微妙な記述がなされている。これについては、保護者支援という性格上、計画的に実施するということがなじまないためと思われる。しかし、保育課程と無関係でいいと言っているわけではなく、保育課程に位置づけられるのであれば、位置づけたほうが良いということだと思われる。

そのことは、地域の子育て支援と保育課程のつながりにおいても言える。地域の子育て支援としては、園庭解放や子育て相談、一時保育等様々な形で行われているが、これらの利用で保育所保育に参加する子どもやその保護者についても、保育課程はその対象としていると理解できる。

(3) 上位の計画であること

解説書には、保育課程が他の計画の上位に位置づけられると述べられている。では、保育において他の計画には、どのようなものが含まれるのであろうか。保育所保育指針においては、第4章「保育の計画及び評価」に「保育課程」を具体化したものである「指導計画」の記載がある。それ以外で計画という言葉が使われているのは、第5章の「保健計画」と「食育計画」である。保育課程は、食育計画及び保健計画についても、その中に位置づけるものであり、そのことにより、保育所保育全体の一貫性をもたらすと考えられている。

その他にも保育所保育指針には、指導計画の作成上、特に留意する事項として、3歳未満児については一日24時間の生活全体の連続性を踏まえて、家庭との連携を密にし、月ごとの個別の計画を立てることを基本とすること、さらには障害のある子どもの保育については、障害のある子ども一人一人の実態を的確に把握し、安定した生活を送れるよう、必要に応じて個

別の指導計画を作成することが述べられている。これらについても、保育課程に位置づけることが求められている。

(4) 保育課程編成の手続き

> 1) 保育所保育の基本について職員間の共通理解を図る。
>   児童福祉法や児童に関する権利条約等関連法令を理解する。
>   保育所保育指針、保育所保育指針解説書の内容を理解する。
> 2) 各保育所の子どもの実態や子どもを取り巻く家庭・地域の実態及び保護者の意向を把握する。
> 3) 各保育所の保育理念、保育目標、保育方針等について共通理解を図る。
> 4) 子どもの発達過程を見通し、それぞれの時期にふさわしい具体的なねらいと内容を一貫性を持って組織するとともに、子どもの発達過程に応じて保育目標がどのように達成されていくか見通しを持って編成する。
> 5) 保育時間の長短、在所期間の長短、その他子どもの発達や心身の状態及び家庭の状況に配慮して、それぞれにふさわしい生活の中で保育目標が達成されるようにする。
> 6) 保育課程に基づく保育の経過や結果を省察、評価し、次の編成に生かす。

教育課程

(1) 教育課程と保育課程の共通性と違い

幼稚園教育要領では、教育課程は以下のように述べられている。

> 各幼稚園においては、教育基本法及び学校教育法その他の法令並びにこの幼稚園教育要領の示すところに従い、創意工夫を生かし、幼児の心身の発達と幼稚園及び地域の実態に即応した適切な教育課程を編成するものとする。…（さらには）幼稚園生活の全体を通して第2章に示すねらいが総合的に達成されるよう、教育課程に係る教育期間や幼児の生活経験や発達の家庭などを考慮して具体的なねらいと内容を組織しなければならないこと。この場合においては、特に自我が芽生え、他者の存在を意識し、自己を抑制しようとする気持ちが生まれる幼児期の発達の特性を踏まえ、入園から修了に至るまでの長期的な視野をもって充実した生活が展開できるように配慮しなければならない。
> （一部抜粋）

教育課程とは、子どもの入園から終了までの全体的な計画であり、その編成に当たっては各幼稚園が創意工夫をすること、子どもの生活経験や発達過程を考慮すること、地域の実態に即応するなど、基本的な考え方としては保育課程との共通性が強いといえる。
　では、その違いとはどこにあるのだろうか。それは、幼稚園教育要領の次の部分にみられる。

　　　　幼稚園の1日の教育課程に係る教育時間は、4時間を標準とすること。ただし、幼児の心身の発達の程度や季節などに適切に配慮すること。

　このように、幼稚園では教育時間4時間を標準として、それを教育課程の対象としている。しかしながら実際の幼稚園は、4時間ではなく、夕方までの預かり保育を行っているところが多数ある。そのことについて幼稚園教育要領では、「地域の実態や保護者の要請により教育課程に係る教育時間の終了後等に希望する者を対象に行う教育活動」として、留意事項として次のようにある。

(1) 教育課程に基づく活動を考慮し、幼児期にふさわしい無理のないようにすること。その際、教育課程に基づく活動を担当する教師と緊密な連携を図るようにすること。
(2) 家庭や地域での幼児の生活も考慮し、教育課程に係る教育時間の終了後等に行う教育活動の計画を作成するようにすること。その際、地域の様々な資源を活用しつつ、多様な体験ができるようにすること」

　つまり、預かり保育については、活動としては教育課程に基づき、指導計画は作成されるが、教育課程とは別であるということである。幼稚園教育要領に準じると、4時間の標準として教育課程に含まれる部分と、それ以外の部分という2つが存在する形になる。保育所保育指針の通常の保育と特別保育とを分けずに、すべての子どもをその対象とする保育課程に一

本化したところとは、大きな違いといえる。

(2) 教育課程の編成の手順

1. 編成に必要な基礎的事項についての理解を図る。
   - 関係法令、幼稚園教育要領、遅延用教育要領解説などの内容について共通理解を図る。
   - 自我の発達の基礎が形成される幼児期の発達、幼児期から児童期への発達について共通理解を図る。
   - 幼稚園や地域の実態、幼児の発達の実情を把握する。
2. 各幼稚園の教育目標に関する共通理解を図る。
   - 現在の教育が果たさなければならない課題や期待する幼児像などを明確にして教育目標に関する共通理解を深める。
3. 幼児の発達の過程を見通す。
   - 幼稚園生活の全体を通して、幼児がどのような発達をするのか、どの時期にどのような生活が展開されるのかなどの発達の節目を探り、長期的に発達を見通す。
   - 幼児の発達の過程に応じて教育目標がどのように達成されていくかについて、およその予測をする。
4. 具体的なねらいと内容を組織する。
   - 幼児の発達の各時期にふさわしい生活が展開されるように適切なねらいと内容を設定する。その際、幼児の生活経験や発達の過程などを考慮して、幼稚園生活全体を通して、幼稚園教育要領の第2章に示す事項が総合的に指導され、達成されるようにする。
5. 教育課程を実施した結果を反省、評価し、次の編成に生かす。

3. 保育における指導計画の種類と役割

指導計画には、どのような種類があるだろうか。また、それぞれにどのような役割があるのだろうか。

指導計画の種類

指導計画は、大きく長期と短期に分けることができる。

長期の指導計画には、年、期、月、学期（学期は幼稚園のみ）の計画がある。それぞれ、年間指導計画、期の計画、月案、学期の計画などと呼ばれる。

短期の計画には、週案、日案がある。

長期計画と短期計画、それぞれの役割

長期の計画である年間指導計画、月案、学期の計画は、それぞれに年、

月、学期という期間を見通した計画になる。年間指導計画は、前年度の年間指導計画を見直しながら、前年度末あるいは年度の初めまでに立てられる。月案や期の計画、学期の計画についても、その区切りごとに保育を振り返りながら、次の区切りの計画を立てていく。その際に、年間指導計画を参照する。

長期計画の役割としては、発達を見通すことがあげられる。子どもの発達は、ある程度の期間があることによって、その変化が見えてくるものであるからである。年、期、月、学期というようなまとまりのある期間で捉えることによって、子どもに発達について理解することが可能になるのである。また、行事の予定や家庭との連携、園全体にかかわる環境の構成も、長期の計画で押さえておきたいポイントである。行事は園全体で取り組むものであり、日程などはあらかじめ決めておくことが多い。子どもにとっても、行事は楽しみなものであり、行事までの取り組みを長期の見通しをもって考える必要があるからである。また、家庭や地域との連携には、日程調整などで配慮が必要になるからである。

短期の計画は、保育所、幼稚園ともに2種類である。週案は、前週の子どもの生活や遊びを振り返って、次の週のねらいを立てていくものである。日案は、前日の子どもの姿から翌日の子どもの生活や遊びを予測する、目の前の子どもに即した極めて具体的・個別的なものである。前の週あるいは前日までの子どもの姿を踏まえる短期の計画は、子どもにとっても保育者にとっても身近な計画といえる。

長期の計画、短期の計画とそれぞれの役割があるが、子どもの生活を豊かなものにするために、役立てていきたいものである。

参考文献

阿部和子・前原寛『保育課程の研究　子ども主体の保育の実践を求めて』萌文書林、2009年。

磯部裕子、教育課程の理論『保育におけるカリキュラム・デザイン』萌文書林、2003年。

河邉貴子編著『教育課程保育課程論』東京書籍、2008年。

柴崎正行・戸田正美・増田まゆみ編『最新保育講座5　保育課程・教育課程総論』ミネルヴァ書房、2010年。

『平成20年告示　幼稚園教育要領・保育所保育指針』チャイルド本社、2008年。
厚生労働省編『保育所保育指針解説書』フレーベル館、2008年。
文部科学省『幼稚園教育要領解説』フレーベル館、2008年。

第9章　保育の方法

井口　眞美

1. 保育方法の原理

乳児〜3歳未満児の保育

　乳児期には、保育者との関わりを求め、いないいないばあを喜び何度も繰り返したがる姿や、周りへの関心が芽生え友達に笑顔で近づく姿が見られる。乳児は表情や喃語で自分の欲求を表現してくるが、これに応答的にかかわる特定の大人との情緒的なきずなが形成されるよう、保育者は穏やかな雰囲気で子どもに接する必要がある。また、他の保育者、保護者とも密な連携を図り、安全で健康な生活が送れるよう個々の子どもに即した援助を心がける。

　1歳頃になると、つかまり立ちから完全な歩行へと移行するため、保育室内の安全な環境の保持に努めながら、心身の発達を促す環境を設定する。また、離乳食から幼児食へと移行する時期でもあり、栄養士、保護者とも連携を図りながら望ましい食習慣が身に付くようにする。

　1歳後半からは爆発的に言葉が出るようになり、自分でやろうとする姿勢が見られる。その分、保育者に食べさせられるのを嫌がる、自分だけで紙おむつを脱ごうとする等、強い自己主張が見られるようになり、保育者に反抗的な態度をとるのもこの時期の特徴である。そのような時も、子どもの思いを受け止めながら生活面の指導や遊びの援助を進める。

3歳以上児の保育——主体的な活動の保障

　幼稚園教育要領には、「遊びを通しての指導を中心として、ねらいが総合的に達成されるようにすること」と書かれている。これだけを見ると「遊ぶだけで教育と言えるのだろうか」、「小学校・中学校で困らないよう、遊ぶだけでなく必要な事項をしっかり指導しないと」と感じる人や、あるいは「遊ぶだけなら怪我をさせないように気を付けて遊ばせておけばいいのかしら」と考える人もいるかも知れない。

　保育所・幼稚園では、当然のことながら、子どもの安全が守られ、かつ情緒の安定が図られることが最も大切である。その上で、子どもが十分に自己を発揮し、主体的に活動に取り組めるような環境を整える必要がある。

　保育所保育指針・幼稚園教育要領では、身に付けることが望まれる心情、意欲、態度を、「健康」「人間関係」「環境」「言葉」「表現」の5つの領域ごとに示している。

　小学校においては、「国語」「算数」等、教科の枠組みに従って学習を進める方法を用いる。一方、保育所・幼稚園においては、乳幼児の発達をふまえ、主体的な活動を保障するための有効な保育方法として『遊び』を重視した教育を行う。ここでは「言葉」の領域を身に付けさせるために、ひらがなドリルを導入し文字指導を行うという方法はとるべきではない。子どもの実態をふまえた豊かな遊びの場を保障し、子どもが主体的に遊びに取り組んだ結果として、5つの領域で示される心情、意欲、態度が総合的に身に付くようにすることが求められる。

保育方法に関する5つの原理

(1) 遊びを通しての指導

　保育方法の第一の特徴は、子どもが自由感を味わい、十分に自己発揮ができるような「遊び」を通した指導である。

　ドッジボール遊び一つをとってみても、子どもたちは、以下のような5つの領域に関する内容を総合的に経験し、小学校以降の学習の基盤となる様々な力を身につけていく。

〈ドッジボール遊びにおいて子どもが経験する内容〉
「健康」　運動機能が高まる。
　　　　　集団のルールを守って仲間と遊ぶ楽しさを知る。
「人間関係」　チームで協力したり、時にけんかをしたりして人間関係の在り方を学ぶ。
「環境」　どちらの外野が多いかを比較したり人数を数えたりする等、数の概念を培う。
　　　　　ボールに空気を入れるとよく弾むことに気づく。
「言葉」　「ボールちょうだい」「当たったよ」等、自分の思いを言葉で伝える。
「表現」　勝った喜びの気持ちを全身で表現する。
　　　　　画用紙と割り箸を使って応援旗を作り、仲間を応援する。

(2) 環境を通しての教育

　例えば、保育者が砂場に小さいシャベルだけでなく長いシャベルを用意しておく等、物的環境を変化させることで、砂山や川を作るという協同的な遊びへの発展も見られるだろう。更に、人的環境としての保育者が、子どもの遊びの手本として先頭を切って楽しそうに山を掘ったり、「どんな山を作ろうか」と子どもと相談したりすることで、遊びが継続したり山作りのイメージが明確になったりする。
　言葉での教育が可能な中学生、高校生と異なり、周りの環境に触れ、実体験を重ねることで乳幼児の教育は価値をもつ。子どもの活動が豊かに展開されるよう、人的環境（保育者や友達）や物的環境（砂場、保育室、ブロック等）、その他自然や社会の事象等、子どもを取り巻く環境の教育的効果について理解を深め、環境を整える必要がある。

(3) 一人一人の発達に応じた援助

　乳幼児期において、月齢や生活経験等の差異による発達の個人差が大きい。言語面は発達しているが運動能力は十分に育っていない等、個人内の発達もまだアンバランスである。それだけに、個々の発達に応じて指導をすることが何よりも大切なのである。
　A子(4歳児)が幼稚園の砂場で遊んでいる。いつも、小さいシャベルと

バケツ、コップを使って砂のケーキを作っていた。保育者は、「この子にとって何が必要か」を考え、「友達関係を広げるきっかけがほしいのでは」とA子の気持ちを推測する。そして、保育者は「ケーキくださいな」と一人でケーキを作っているA子に近づく。すると、A子は「少々お待ちください」と笑顔で応え、レストランごっこが始まったのである。そのうちに、周りで見ていた子がまねをしたり、お客さんになったりしてA子の友達関係が広がっていく。

一方、保育者は、試行錯誤しながら何度も砂団子作りに取り組むB男（5歳児）に対しては、「白砂を混ぜてみたらどう」とアドバイスをし、じっくり一人で遊ぶ姿を見守る。

このように、遊びを通しての指導においては、「何かを強制的にさせる」のではなく、子ども一人一人の思いを見とり、遊びの充実を図る。幼稚園教育要領にも述べられている通り、適切な援助のためには、幼児一人一人の行動を理解し、その子の行動や思いを予測し、それに基づいた環境の構成が求められる。

(4) 家庭との連携

例えば、友達に対し手が出やすい子の母親は、日々そのことで悩んでいる。中には、「他のお母さんはうちの子のことをどう思っているのかしら」「私のことをだめな母親と思っているのでは」と不安になり、他の母親とも親しくなれず孤立した気持ちになることもある。それだけに、子どもだけでなく保護者の気持ちも受け止める姿勢が大切である。このような母親に対し「またけんかしたんですよ」とけんかした事実だけを伝えることは望ましくない。母親が悩んでいる気持ちを共感的に理解しつつ、トラブルの状況を伝えたり改善の方向性を示唆したりするよう努めるべきであろう。

一般に、友達とけんかをした、友達との関わりが少ないといったことに対し、過度に不安を感じる保護者も少なくない。しかし、幼児期に、それぞれの思いをぶつけ合いけんかをする、友達との思いのずれに気づき葛藤する経験はとても大切なのである。子どもは、けんかや葛藤を経験しながら次第に相手の気持ちに気づき、相手の気持ちを考えた行動がとれるよう

になる。その成長の過程をゆっくりと温かい目で見守ることの重要性を保護者に伝え、理解を得ることも保育者の役割である。連絡帳、園だより、学級通信等、文書で園の考えを発信したり、送り迎え時の相談、個人面談、保護者会を通して保護者側からの思いも受け止めたりしながら、保育に対する理解を深めたい。

⑤保育の振り返り(評価)

保育・幼児教育においては「子どもの実態把握→計画の立案→保育の実践→ふり返り、評価」という下記のようなプロセスを日々繰り返し、実践を行う。

〈保育をふり返るプロセス〉
- 保育課程・教育課程や中長期指導計画・中長期保育計画(年間計画、期間計画、月案)に基づき、先週までの子どもの姿をふまえた週案を作成する
  ⇒前日までの子どもの姿をふまえて日案を作成する
  ⇒保育を実践する
  ⇒記録(個人の記録、活動の評価)をとり、保育をふり返る
  ⇒ふり返った内容を基に、前週・前日までの子どもの姿をふまえた週案・日案を作成する　…

保育の現場では、子どもの個人記録や連絡帳等、記録する文書が多い。それは、子どもの実態把握なくして保育は展開できないからである。保育者は、一人ひとりの様子(遊びを通して経験した内容、成長と課題、今後必要な援助)や活動の状況に関してふり返り、次の保育の構想を立てているのである。そこには、子どもの成長を肯定的に受け止めながらもその子の発達課題が何であるかを見極める力、自らの保育行為を具体的に反省評価する力が求められる。

2. 保育方法の実際

保育方法の具体的実践

ここでは、保育所や幼稚園では、どのようなことを大切にし、どのような方法で保育を行っているのか解説する。

保育所や幼稚園の保育方法は実に多様であるのが現状である。それぞれ

```
〈一日の流れ（A幼稚園の例）〉
（遊びを重視した保育）
9:00      登園、身支度
 〜        好きな遊び注1)
10:40頃   片付け
11:00頃   クラスで取り組む活動注2)
11:40頃   お弁当
12:30頃   好きな遊び
13:30     帰りの支度、帰りの会
14:00     降園
```

注1) 好きな遊び…自由度の高い活動展開のため、「自由保育」と呼ばれることもあるがその定義は曖昧である。本稿では「好きな遊び」「遊び」と呼ぶ。

注2) クラスで取り組む活動…みんなで同様の活動に取り組むことから「一斉保育」と呼ばれることもあるが、本稿では「クラスで取り組む活動」と呼ぶ。

の園の個性があり、遊びの時間やクラスで取り組む活動の時間配分に違いがあるのは当然であるが、いずれにしても、「乳幼児期に相応しい子どもの主体性が発揮される環境であるか」を常に吟味しながら保育を実践することが求められる。

A幼稚園では、左表のように、登園すると身支度をし自分の好きな場所でたっぷり遊ぶ。

その後、クラスで取り組む活動の時間がある。

また、お弁当後にも遊びの時間が設けられており、遊びを重視した保育方法を展開していることがわかる。そして、帰りの支度をしてから、その日にあったことをふり返ったり明日に期待をもてるような話し合いをしたりするための帰りの会を行い、降園となる。

左表に記入してある時刻はあくまで目安であり、時間割として明確に区切られているわけではない。子どもの実態や年齢、時期によって一日の流れを柔軟に変化させ、活動を細切れにすることなく、スムーズでゆったりとした生活が送れるように留意すべきである。

好きな遊び

(1) 遊ぶ空間の保障

先述のA幼稚園では、子どもたちは、登園し身支度を調えたら、園庭や保育室等、自分の好きな場所で思い思いの遊びに取り組む。安全管理には十分な配慮が必要であるが、子ども自身が選択できる遊び空間を可能な限り保障し、遊びの幅を広げることが大切である。

(2) 年齢や実態、季節に応じた遊びの環境

しかし、一年中、ただ子どもの勝手に任せて遊ばせているわけではない。幼稚園教育要領で「計画的に環境を構成しなければならない」と述べるように、子どもの年齢、実態や季節に応じた遊びの環境を設定することで、子どもの遊びは変化する。例えば、保育者は7月になると、石鹸、おろし金、ボール、泡立て器等を園庭の隅に用意する。子どもは、おろし金で石鹸を細かくしてから、水を加え、泡だて器で泡立てて"クリームあわあわケーキ"を作ったり、園庭に植生するヨウシュヤマゴボウ、アサガオの汁を混ぜて色遊びをしたりして楽しむ。このように指導計画に基づき環境を変化させることで、遊びは充実し、教育的価値が高まる。

クラスで取り組む活動

(1) 子どもの興味関心を重視した保育

クラスで取り組む活動においては、計画にとらわれ過ぎて子どもの興味関心を損なうことのないよう、子どもの反応を見据えながら活動を展開することが大切である。また保育者は、絵本の読み聞かせをする前に、「静かに」と注意をするのではなく、「何が始まるのかな。楽しそうだな。見てみたいな」という興味を持たせるために手遊びをすることが多い。保育者には、子どもの興味関心を引きつけるための保育技術の習得も求められる。

(2) 遊びや生活に即した活動

保育者が決めた活動を唐突に提示するのではなく、できるだけ日々の遊びに即したり生活の中の必要感を大切にしたりしたい。遊びの中で派生した内容をクラスで共有して楽しんだり（お店屋さんごっこ、お化け屋敷等）、生活の中の必要感から生まれた活動をみんなで協力して行ったり（飼育動物を主人公とした影絵劇等）と、子どもの思いに即した活動展開を工夫する。

（実践例に関しては「第7章　6.　保育内容（表現）造形表現」の章を参照のこと）

集団における生活習慣の定着

(1) 身支度、片付け

　保育所や幼稚園で過ごす子どもたちは、集団で生活することにより、自律的な生活を送るための生活習慣やルールを身に付けていく。身支度や片付けも生活の一部である。乳幼児にとって生活習慣の定着は重要であるが、ここでも、子どものやる気を大切にし、強制的にさせたり教え込んだりすることのないように留意する。保育の目的は、保育者の指示に従う子どもを育てることではなく、あくまで社会の中で主体的に行動できる子どもを育てることである点を忘れてはならない。

　例えば、B男(4歳児)は、砂場で友達と一緒に存分に山作りが楽しめた日には、使った遊具をてきぱきと片付ける。しかし、遊びが充実せず、絵本読み、鬼ごっこ、砂場遊びと、遊びを転々とした日には片付けにもなかなか取り組もうとしない。

　自分の興味関心から行動が引き起こされるこの時期の子どもにとって、片付けが義務的に"させられること"にならないよう配慮する。そのために、保育者は「これで明日も気持ちよく遊べるね」と片付けの必要性に気づけるような言葉をかけつつ子どもと一緒に片付ける、遊びの要素を取り入れながら楽しい雰囲気で片付ける等の手だてが必要である。また、一人ひとりの身支度や片付けの実態を把握し、できるようになったことを誉めたり、身支度ができていない子には、保育者が側に寄り添い、できるようになるための具体的な方法を伝えたりする。5歳児が4歳児に身支度の仕方を教える等、身近で親しみやすい存在の年長児が年少児に教えてあげることも効果的な方法である。

(2) 当番活動

　家庭において自然と親しむ機会が少ない子もいるため、保育所・幼稚園ではできるだけ自然に親しめる環境作りを心がけたい。保育所・幼稚園ではモルモット、ウサギ、魚類等を飼育することが多いが、子どもは身近な生き物に愛着をもつことで、世話の仕方も丁寧で優しくなる。時に子どもから「寒いから、段ボールで(飼育しているウサギの)囲いを作ってあげよう」

との声が上がり、みんなで囲い作りの活動が生まれることもある。

　遊びの時間に、飼育動物に関心をもった子どもが餌やりをする。徐々に、子どもたちは飼育動物に親しみをもち、毎日世話をする必要性に気づく。その機が熟するのを待って、クラス全員での当番活動へ広げていきたい。

　お弁当の時間にも、その時期相応の当番活動が行われる。5歳児になれば、輪番でお弁当当番を行い、自分たちでお茶を注いだり、いただきますを言ったり、温めたお弁当を運んだりする。お弁当当番においても「自分たちでできること」を子どもと一緒に考えて当番の内容を決める等、「自分たちの生活を自分たちで進める力」を育む保育を実践したい。

参考文献
　文部科学省『幼稚園教育要領解説』フレーベル館、2008年。
　厚生労働省『保育所保育指針解説』フレーベル館、2008年。

第10章　保育者の職務

今井　康晴

　「保育」とは、幼稚園や保育所など保育施設に就園した乳幼児を、保護者に代わって教育、養護することである。したがって、保育者の職務は、単に子守りをする、遊び相手になることではなく、子どもたちの心身の発達を保障するために、生活全般を支援し、また教育的配慮を行うことである。同時に、地域社会における子育て支援としての役割もあり、子どもを預ける保護者への対応なども職務となる。本章では、保育士、幼稚園教諭に分け、それぞれの職務の内容、特徴などについて解説する。

1.　保育士、幼稚園教諭の職務

保育士の職務に関わる法規

　少子化の進行、家庭や地域の教育力の低下などが指摘されるなかで、保育所における質の高い養護と教育の機能が強く求められている。保育所では、こうした期待が高まるなかで、保育所の役割、機能、社会的意義を再確認し、保育内容を改善、充実させることが重要である。

　保育所は、児童福祉法第7条に規定される児童福祉施設である。同法39条によって「日日保護者の委託を受けて、保育に欠けるその乳幼児又は幼児を保育すること」を目的とし、また同条第2項で、この規定に関わらず、必要に応じて保育に欠けるその他の児童を保育することも含めている。また「児童の権利条約」に基づき、子どもを保護の対象としてだけでなく、権利の主体として尊重することが認められる。したがって、「子どもの最善の利益」を保育に反映、追求することが保育士の職務となる。

「子どもの最善の利益」を追求するとき、現行の保育所保育指針では、総則「2保育所の役割」で次のように示している。

(1) 保育所は、児童福祉法（昭和22年法律第164号）第39条の規定に基づき、保育に欠ける子どもの保育を行い、その健全な心身の発達を図ることを目的とする児童福祉施設であり、入所する子どもの最善の利益を考慮し、その福祉を積極的に増進することに最もふさわしい生活の場でなければならない。
(2) 保育所は、その目的を達成するために、保育に関する専門性を有する職員が、家庭との緊密な連携の下に、子どもの状況や発達過程を踏まえ、保育所における環境を通して、養護及び教育を一体的に行うことを特性としている。
(3) 保育所は、入所する子どもを保育するとともに、家庭や地域の様々な社会資源との連携を図りながら、入所する子どもの保護者に対する支援及び地域の子育て家庭に対する支援等を行う役割を担うものである。
(4) 保育所における保育士は、児童福祉法第18条の4の規定を踏まえ、保育所の役割及び機能が適切に発揮されるように、倫理観に裏付けられた専門的知識、技術及び判断をもって、子どもを保育するとともに、子どもの保護者に対する保育に関する指導を行うものである。

上記の「保育所の役割」をふまえると、その職務達成に必要不可欠な要素として、まず子どもの発達に関する専門的知識を基に、その成長・発達を援助する技術をもたなければならない。主な成長・発達を援助する技術として、①子ども自らが生活していく力を助ける生活援助の知識や技術、②物的環境、自然環境、人的環境など保育所内外の保育環境を構成、整備していく技術、③子どもの興味、関心を踏まえ、様々な遊び経験を豊かにするための知識や技術、④子ども同士の関わりや子どもと保護者との関わりを援助する知識や技術、⑤保護者などへの相談・助言に関する知識や技術の5つがあげられる。これらの知識や技術を身につけることが、職務達

成に必要不可欠となる。

幼稚園教諭の職務に関わる法規

　幼稚園は、学校教育法第1条において、満3歳から小学校入学までの幼児を入園させて教育を行う学校として規定されている。また同法22条では、「幼稚園は、義務教育及びその後の教育の基礎を培うものとして、幼児を保育し、幼児の健やかな成長のために適当な環境を与えて、その心身の発達を助長すること」と定められている。したがって、幼稚園教諭は、学校として幼児を保育し、心身の発達を助長することが主な業務となる。

　現行、幼稚園教育要領では、幼稚園教育の基本として「教師は幼児との信頼関係を十分に築き、幼児と共によりよい教育環境を創造するように努めるもの」とされ、以下の3点が強調される。

1. 幼児は安定した情緒の下で自己を十分に発揮することにより発達に必要な体験を得ていくものであることを考慮して、幼児の主体的な活動を促し、幼児期にふさわしい生活が展開されるようにすること。
2. 幼児の自発的な活動としての遊びは、心身の調和のとれた発達の基礎を培う重要な学習であることを考慮して、遊びを通しての指導を中心として第2章に示すねらいが総合的に達成されるようにすること。
3. 幼児の発達は、心身の諸側面が相互に関連し合い、多様な経過をたどって成し遂げられていくものであること、また、幼児の生活経験がそれぞれ異なることなどを考慮して、幼児一人一人の特性に応じ、発達の課題に即した指導を行うようにすること。

　これらをふまえ、①幼児期にふさわしい生活の展開、②遊びを通しての総合的な指導、③一人一人の発達の特性に応じた指導などを意識し、幼稚園教諭は日々の職務にあたることが求められる。
　教育活動の実践では、幼稚園教育要領に示される健康、人間関係、環境、言葉、表現の5領域に基づき、教育課程、教育計画を編成し、活動を

行うことが求められる。その細部には、幼児の発達をふまえた長期または短期の指導計画の立案、導入に用いる教材の研究や主活動を行うための環境整備など園児の充実した生活を創りだすことも求められる。この他にも、「幼稚園幼児指導要録」の作成、出席簿、健康診断表、など日々の教育活動や指導課程の結果を要約し、記録しなければならない。これは、幼児の個人の発達、成長の記録のみならず、家庭との連携の素材として、また小学校への情報の共有という側面も含まれる。つまり、一人ひとりの子どもの発達を支え、家庭や小学校などと連携をとり、連続性をもって支援していくということが、職務において重要となる。

2. 保育者の職務の内容

　保育所の年間の保育日数はおおむね300日とされ、幼稚園のような長期休暇はない。保育所での保育時間は、児童福祉施設最低基準第34条によって1日につき8時間を原則としている。また、その地方における乳児又は、保護者の労働時間やその他家庭の状況に応じて、保育所の長が定めることができることとなる。
　幼稚園では、その教育週数は、学校教育法施行規則第37条で規定されており、特別の事情のある場合を除き39週を下ってはならないとされる。幼稚園の1日の保育時間は、4時間を標準とし、夏休みなどの長期休暇がある。それでは、これらの制度的な差異をふまえつつ、保育所、幼稚園の一日の流れを解説する。

出勤、ミーティング

　幼稚園では、基本的にシフト制ではないため、全職員でミーティングを行い、本日の保育活動の流れの確認、子どもの園での様子、保護者からの要求、要望など知っておくべき情報を伝達し共有する。保育所では、開園時間に合わせて4-5交代の時差式勤務であるため、引き継ぎ（母親の迎え時間、予薬の有無など）を行うことが重要である。引き継ぎがうまくいかないことで、事故につながる恐れもあり、報告、連絡、相談の徹底が求められ

る。

環境の調整、園児の登園

　子ども達が活動しやすいように環境を整えることは重要である。机、椅子、玩具、園庭など、子ども達が一日を意欲的、積極的に生活できるように、衛生や安全に配慮した環境を構成しなければならない。また登園では、一人ひとりの幼児が、気持ちよく園生活を始められるように、笑顔で迎え入れることが大切である。

　幼稚園では、主に園バスで登園する。そのため保育者は園バスに乗車し、幼児を迎え入れることとなる。登園後、出席の確認や幼児の体調、機嫌等をチェックし、所持品の始末への配慮などが業務となる。

　保育所では園バスでの登園は多くない。多くの園では、子どもを保護者から直接預かることとなる。乳幼児の場合、うまく母親と別れられない子もいるため、園での生活がスムーズになるよう特に配慮が必要である。また調乳の準備（ポット、哺乳瓶消毒の確認、湯ざまし、冷凍母乳の確認）なども行う。

片付け、クラスでの活動、遊び

　片付けは、次の活動への第一歩となるため、速やかな行動が求められる。しかし、活動への満足感や次の活動への期待をもたせる余韻も必要不可欠である。したがって、保育者の一方的な指示を出すのではなく、ゆとりをもって取り組ませることが重要である。クラス活動では、クラスの状況、幼児の発達に合わせた計画が必要である。幼児の生活の流れ、園の環境、季節など、幼児の日々の生活と保育者の意図が一体となって、はじめて有意味な活動となる。ゆえに幼児の側から考えた活動を計画することが求められる。

　幼児は、園庭にある遊具や園内での様々な環境に関わり、遊びを見つけ、友達と過ごす。保育者は主活動を確認し、安全に配慮しながら、幼児の遊びを組み立てていかなければならない。この時、幼児の活動に関わり、見守り、遊びを充実させるような援助を行うことが求められる。同時に、周

囲の環境に目を配り、遊びに入れない子を招いたり、ケンカや遊具の取り合いなどのトラブルを解決する教育的配慮も求められる。

　保育所では、子どもたちの登園する時間帯が2時間程度の時差がある。職員も揃うまでの時差があるため、早番職員は、室内、園庭を見渡し全体の安全管理を行う。異年齢児のふれあいに配慮しつつ、乳幼児の望ましい発達に繋がるような遊びを提供する。1、2歳児では、ベビーカーにのって散歩に出かけたり、季節に合わせ植物や動物を観察すること、簡単な遊びするなどが主な保育内容となる。

昼食準備・昼食

　昼食は、幼児たちの食事を支援するだけでなく、食事中の会話などから、幼児の気づきを得たり、友達との仲を深めるための機会でもある。そのため昼食の準備では、食事そのものが楽しくなるような環境づくりが求められる。また、食器の持ち方や使い方など、食事行為を身に付けさせることも重要である。昨今では、幼児の食育への配慮も求められるため、幼児の偏食を無くし、食べる喜び、楽しさに留意しなければならない。

　保育所では、ほとんどの園が自校給食であるため、栄養士が各年齢に合わせて献立し、食事が作られる。乳幼児の場合、保育士は乳児に食事用エプロンをつけ、体調に留意して食事を進めていくように準備と援助を行う。

クラスの活動、降園まで

　降園までの時間、保育者は一人ひとりの幼児の活動を促すと同時に、明日への楽しみを引き出すような配慮が求められる。幼稚園と保育所では、保育時間が異なるため、午後の活動に差異がみられる。

　幼稚園では、帰りの園バスまで、翌日の活動に繋がる話しをしたり、絵本の読み聞かせ、手遊びなどを行い、穏やかな雰囲気で降園させることが大切である。また預かり保育などへの対応として、教育活動の計画を作成し、配慮しなければならい

　保育所では、昼食後、午睡、おやつ、降園となる。午睡は0歳児では、日中2~3回、1、2歳児でも1~2回の睡眠が必要とされる。また活動後の疲

労回復や集団保育での心の緊張をほぐす意味でも重要である。保育士は、睡眠中の子どもの様子を観察し、乳幼児突然死症候群（SIDS）や熱性けいれんなどに配慮することも必要である。午睡の間は、保育士自身が休憩し、連絡帳・保育日誌・健康観察の記入、担任同士のミーティングや保護者対応について話し合うこともできる。

　午睡後、おやつの時間になる。保育士は午睡から目覚めた子どもの体調をチェックし、子ども達の身支度を整え、排泄・手洗いの援助を行う。また布団の汚れなどを確認し、片づけをする。おやつの時間は子ども達の好きな時間であるため、4、5歳児の配膳当番の役割を与えるといった教育的配慮がとりやすい時間でもある。

降園までから降園後、記録の作成・整理、ミーティング
　幼稚園、保育所共に、クラスの様子・気になる子どもの様子を記録し整理を行うことができる。これは、仲間や園長との相談、保護者との連携の材料として用い、子どもの理解に役立つと同時に、保育の反省材料となる。また、クラスだよりの作成、連絡帳の記入、季節行事（入園式、卒園式、遠足、旅行、運動会、生活発表会、避難訓練など）の企画、準備、運営といった年間行事や月ごとの行事の打ち合わせすることも肝要である。その他にも、教務、教材、図書、保健、実習係といった「園務分掌」にあたることも出来る。

　保育所では、おやつの後、園庭や園内で遊び、家族のお迎えまでを楽しく過ごす。お迎えの時間は家庭によって異なるため、友達が先に帰ることで寂しくならないように配慮することが重要である。幼児たちは、夕方になると、疲れも出始めるため、事故が起きないよう安全に配慮することも求められる。

3. 子育て支援としての職務

　我が国における子育て支援は、1990年代以降、少子化を軸に推進されてきたが、昨今では、ライフスタイル、価値観の多様化をふまえ、各家庭

に適した援助、サービスを受けられるような体制となった。保育所では、地域社会に最も身近な子育て支援センターとして、幼稚園では、家庭、地域に対して様々な子育て支援を行うことも職務となる。

保育所における子育て支援

　保育所は、入園児及びその子育て家庭や地域社会に対して、その役割を果たすことが社会的使命である。保育所保育指針では、第6章「保護者に対する支援」として「保育所における保護者への支援は、保育士などの業務であり、その専門性を生かした子育て支援の役割は、特に重要なものである」と示されている。つまり、我が国の保育所保育において、保護者支援、子育て支援が保育士の重要な職務であるということが理解できる。保護者支援の基本として、①子どもの最善の利益を考慮すること、②保護者と一体となって子どもの成長の喜びを共有すること、③保育士の専門性や保育所の特性を生かすこと、④保護者の養育力を高めるように支援すること、⑤保護者との信頼関係を気付き、育児相談にあたること、⑥プライバシーの保護、秘密の保持、⑦子育てに関する地域の関係機関、団体などとの連携、協力を図ること、などが指摘されている。

　例えば、子どもの送迎時の何気ない会話のなかで、子どもの育児や発達に対する悩み、不安などを共有することにより、育児ノイローゼやネグレクトを未然に防ぐことも可能となる。また保護者の状況や必要に応じて、個別に支援を行い、市区町村の育児課、児童相談所などとの連携を取ることも重要である。地域における子育て支援では、保育所機能の解放、子育てに対する相談援助の実施、子育て家庭の交流の場の提供、地域の子育て支援に関する情報提供などがあげられる。

幼稚園における子育て支援

　幼稚園での子育て支援については、まず学校教育法第24条では、「幼児期の教育に関する各般の問題につき、保護者及び地域住民その他の関係者からの相談に応じ、必要な情報の提供及び助言を行うなど、家庭及び地域における幼児期の教育の支援に努めるものとする」と保護者、地域住民か

らの相談や支援について示されている。

　幼稚園教育要領第1章総則、「第3教育課程に係る教育時間の終了後等に行う教育活動など」において、家庭や地域における幼児期の教育の支援に努めることを目的に地域の実態や保護者の要請により教育時間の終了後に行う教育活動、いわゆる預かり保育について強調されている。加えて、第3章第2のなかで「幼稚園の運営に当たっては、子育ての支援のために保護者や地域の人々に機能や施設を開放して、園内体制の整備や関係機関との連携及び協力に配慮しつつ、幼児期の教育に関する相談に応じたり、情報を提供したり、幼児と保護者との登園を受け入れたり、保護者同士の交流の機会を提供したりする」など、幼稚園に入園している子どもの保護者支援と同時に幼稚園が地域の教育センターとして役割を果たすことも明記されている。

保育所、幼稚園における子育て支援

　以上をふまえ、保育所、幼稚園では様々な子育て支援を積極的に行われている。子育て支援の在り方としては、直接的な子育て支援活動と地域社会資源の活用に分類される。

直接的な子育て支援活動

(1) 園庭・園舎の開放

　子育て支援の一つとして、定期的に幼稚園、保育所の園庭を地域の親子に開放し、砂場、滑り台などの遊具で遊んだり、在園児との交流する機会を提供することがあげられる。開放時間内であれば乳児期の子どもも遊ぶことができ、未就園児のお試し保育などの保育活動としても用いられる。また親同士のコミュニケーションの場としても活用される。

(2) 預かり保育、延長保育

　幼稚園での預かり保育は、通常の教育時間が終わった後、希望すれば時間を延長して預けることが出来る。延長保育は、保育所の原則8時間と定められる保育時間を延長し、開所時間数を30分以上超えた保育活動であ

る。親の就労により預かり、延長となるが、基本的には、子どもの年齢、健康状態、生活習慣、生活リズム及び情緒の安定を優先し、家庭との連携をとり、指導体制を整えたうえで行われなければならない。

(3) 休日保育

親の多様な就労形態に対応すべく、日曜日、国民の祝日などに保育を行う事業を指す。保育所では、実施に際して開所する保育所を指定すること、預かる児童は休日においても保育に欠ける児童であること、担当保育士は2名以上とすること、適宜間食や給食を提供することなどが規定されている。実施場所は保育所のほか、公共施設の空き部屋などを利用できる。

(4) 病児・病後児保育

子どもが病気のとき、また子どもの病気回復期でも、保護者が勤務を休めないとき、医療機関、保育所などに付設された専用のスペースで一時的に保育する。また、保育中の体調不良児も一時的に預かる。

地域社会資源の活用

(1) ファミリーサポートセンター事業

子育て相談の相手がいないことから、ストレスがたまり、我が子の虐待や育児ノイローゼになるケースが少なくない。ファミリーサポートセンター事業では、育児援助を受けたい人、援助を行いたい人が会員となり、相互援助が行われている。こうした事業の仲介をすることも幼稚園、保育所の役目となる。

(2) 子育て公開講座、子育て情報の提供

子育てのための講演会や学習会を園で開催することも重要である。育児教室や家庭教育講座など専門家による講演会が一般的ではあるが、子育て経験のある親などとのグループワーク、母親同士の子育てサークルの活動なども行われている。この時、保育者は支援者と被支援者とのつなぎの役目として期待される。また資料の作成、配布、掲示など情報の提供や広報

活動も求められる。

　こうした子育て支援は、保護者の就労に関わらず、親と子どもの育ちを支えていくことが目的となる。保育所、幼稚園では、子どもを預かる場としての機能を拡充することと同時に、地域社会における交流の場、情報交換できる場としての機能も果たさなければならない。一時期、新米母の公園デビューといった言葉があったが、保育所あるいは幼稚園デビューといった言葉が一般化され、新米、ベテラン入り混じって子育ての情報や悩みを共有できる空間になることが望まれる。

参考文献
文部科学省『幼稚園教育要領』フレーベル館、2008年。
厚生労働省『保育所保育指針』フレーベル館、2008年。
無藤隆・柴崎正行編「新幼稚園教育要領・新保育所保育指針のすべて」『別冊　発達29』ミネルヴァ書房、2009年。
民秋言編『幼稚園教育要領・保育所保育指針の成立と変遷』萌文書林、2008年。
乙訓稔編著『幼稚園と小学校の教育——初等教育の原理——』東信堂、2011年。
浅見均・田中正浩編著『子どもの育ちを支える保育内容総論』大学図書出版、2013年。

第11章　今日の保育の問題と課題

1. 今日の保育環境　　　　　　　　　　　　　松田　純子

保育の環境

　わが国の幼稚園教育要領や保育所保育指針では、幼児期の保育の在り方について、「環境を通して行う保育」を謳っている。これは、子ども一人一人を自ら学び育つ存在として捉え、子どもの主体性を重視して、その育ちを助け支えることを保育の基本とする考え方を示している。幼児期は、自分の興味や関心に基づいた直接的で具体的な体験を通して、人間形成の基礎となる心情、意欲、態度などを培う時期である。したがって、保育所や幼稚園では、好奇心が旺盛で、楽しさを求めてさまざまな活動、すなわち遊びを展開する幼児期の特性を考慮して、子どもが興味や関心を持って身近な環境に働きかけ、環境からの刺激を受け止めながら、その成長・発達に必要な経験が得られるように環境を構成していかなければならない。

　一方、子どもを取り巻く環境は近年大きく変化し、自然や遊び場の減少による直接的な体験の不足、家庭や地域社会における人間関係の希薄化、様々な環境の問題による子どもの健康への影響など、子どもの健全な育ちを妨げるような状況が増しているように思われる。このような中で、保育所や幼稚園では、「環境を通して行う保育」を実践するにあたり、その環境の在り方について、園内の保育環境だけではなく、子どもが育つ環境という視点から改めてその問題点や課題を考えてみる必要があるだろう。

　ここでは、具体的に、自然、物、人、時間と空間、社会と文化について、子どもの育ちとの関係から見てみよう。

自然

　日本は、四季の変化に富む自然豊かな国である。しかし、現在、様々な環境問題を抱えており、それは子どもの育ちにも大きな影響を与えている。

　私たちは、太陽や水、空気、様々な動植物などの自然に囲まれて生活をしている。このような自然は、人間の生活になくてはならない環境であり、子どもの健やかな心身の育ちにも欠かすことのできないものである。

　子どもは、自然環境の中でよく遊ぶ。夢中になって虫を探し捕まえたり、草花を集めてままごとに使ったり、泥で団子を作ったり、水たまりで遊んだりと、自然とかかわりながら様々な遊びを展開する。子どもは、そうした遊びの中で、人が生きていく上で必要な経験をしていると考えられる。たとえば、捕まえたアリで遊ぶうちに、つぶして殺してしまうこともあるだろう。セミの幼虫が殻を破って成虫になる様子を見る機会があるかもしれない。カマキリが共食いをするのを目撃するかもしれない。このような経験を通して、子どもは生命の尊さや仕組みに気づいていく。また、四季折々に咲く花々や色を変える樹木の葉を見たり、自分たちが大事に育てたトマトやキュウリを収穫して食べる経験などから、自然の恵みを楽しんだり感謝の念を抱いたりする機会を得る。梅雨の時期に外で遊べなかったり、夏に水遊びをしたり木陰で涼んだり、冬に庭の氷や霜柱を見つけて先生に見せたりする経験などからも、自然が身近で興味深いものとして子どもに認識されていくことだろう。

　このように自然は、子どもたちに豊かな経験を与え、保育の環境としても大きな意義を持っている。それは、子どもの将来の自然環境に対する態度や考え方の基盤を作る大切な経験とも言える。そのため、保育所や幼稚園では、子どもたちが日常的に自然とかかわることができる環境を作る工夫や努力がなされている。園庭に草木や花を植える。栽培活動や飼育活動を行う。砂場や築山を用意して、砂や土、水を使った遊びが存分にできるようにする。また、保育所や幼稚園の外に出かけ、近隣の自然を楽しんだり、農家の協力を得て芋掘りや梨もぎをさせてもらったり、動物園に遠足に行くなどの計画も立てられる。また、毎日の天気や肌にふれる空気や水も、私たちの生活に欠かせない自然環境であり、保育者は当り前にある身

近な自然にも意識を向けながら、子どもの気づきを促すような日々の生活を創っていく。

　このように保育の環境としても大切な自然が、今、様々な形で破壊されつつある。それは、子どもに必要な経験が奪われてしまうことでもある。子どもの健全な成長・発達を保障するために、まず身の回りの自然を大切にすることを保育現場から率先して進めていかなければならない。そして、そのための正しい知識や豊かな経験を保育者自身が自ら習い求めることも、これからの保育者にとっては重要な仕事である。地域の在来種を調べた上で生態系に配慮した植樹や移植、栽培や飼育に取り組んだり、水遊びや水まき、水やりに雨水を利用するなどの工夫をすることは可能である。また、安全に自然とかかわることができるように、たとえば河原などの水辺の安全について十分な知識を得て、子どもの活動を計画することなども重要な事柄である。

物

　保育所や幼稚園には様々な物があり、子どもたちは日々物とかかわりながら、生活や遊びを展開している。子どもを取り巻く物的環境も、欠かせない重要な保育の環境である。

　運動機能の発達が著しい乳幼児期の子どもは、身体を動かすことに喜びを感じているようである。1歳の誕生日を迎えるまでに多くの子どもが物につかまって立てるようになり、物を伝って歩き、やがて物の助けを借りずに自分の足で歩けるようになっていく。自分の身体を自由に動かし移動ができるようになると、子どもの世界は格段に広がり、身体を使って様々なことに挑戦してみたいという欲求が生まれる。保育所や幼稚園では、子どもたちのこうした全身運動（粗大運動）の欲求に応えるような環境を作っている。園庭には、滑り台やジャングルジム、ブランコや鉄棒などの固定遊具があり、三輪車やボール、縄、フラフープなどの遊具も用意されている。また室内でも、ホールなどには大型積み木などの遊具やマット、平均台などの用具があり、全身を使った遊びができるようになっている。

　このような全身を使った大きな動きの遊びばかりではなく、手先や指先

を使って物にふれたり操作する遊び(微細運動)にも興味を持って取り組むようになっていく。子どもは1・2歳の時期には、手や指で押したり引っ張ると動いたり音が出たりする遊具や、丸や三角や四角の形をした穴にソーティング(種類分け)して同じ形の物を入れる遊具などを楽しむ。もう少し大きくなると、積み木やブロックで何かを作ることも好むようになる。

　また、象徴機能が発達してくると、子どもは物を何かに見立てたり、自分が何かになりきったり、イメージしたものを表現して遊ぶようになる。ままごと道具や身に着ける衣装などは、ごっこ遊びをいっそう楽しいものにする。様々な紙類、空き容器や空き箱、紐や輪ゴム、毛糸や布、木片などの素材は、子どもの造形活動に欠かせない物である。また、そのような素材といっしょに使う接着剤、セロテープ、はさみなどの用具も必要となる。絵を描くには、クレヨンやマーカー、絵の具が用意される。音楽リズムの活動では、楽器やCDプレーヤーなども使われる。また絵本や紙芝居なども、保育現場の大切な物的環境である。

　このように子どもたちの遊びや生活を充実したものにするためには、様々な遊具や用具、素材などの物的環境を準備し、子どもの興味・関心や発達の状況に合わせて、保育者は適切にその環境を構成していく必要がある。変わらず常備されている物もあれば、新しい経験として提示される物もあるだろう。物が豊富にある時代にあって、その豊かさを享受するだけではなく、子どもが十分な探索や試行を経て物の特性を知った上で、必要な物を必要なだけ選び取る力や、いろいろなことに活用したり仲間と分かち合う知恵を身につけられるよう、保育者は様々な生活や遊びの場面で機会を捉えて働きかけることが重要となる。また、物やその扱い方の安全性についても、子どもの発達や特性を踏まえながら、子どもに伝えていく必要がある。

人

　保育所や幼稚園での子どもの人的環境を考えてみると、保育者の他にも事務員や用務員、保護者、近隣の人々、保育所ではさらに栄養士、調理師、看護師などがいて、子どもの日々の生活にかかわっている。また保育所や

幼稚園は、子どもが同年代の仲間と集団で生活をする場でもある。子どもは、このような多様な人々との関係の中で健全に育つことができる。

　乳幼児期は、自分自身や身近な人に対して基本的な信頼感を築いていく大切な時期である。家庭においては、親との信頼関係の下で安定し、安心して自分を発揮して生活することができる。子どもにとっては家庭から離れて初めて経験する集団生活の場である保育所や幼稚園では、保育者が親代わりとなって子どもの心の拠り所とならなければならない。そのため保育者は、まずは一人一人の子どもとの信頼関係を築くことに努める。保育者が子どもにとって心から信頼できる存在になることで、子どもは安心して園生活を楽しむことができるようになる。

　また保育者は、生活のモデルとしての役割も担っている。家庭とは異なる集団生活に、子どもは初めは戸惑うことも多いが、信頼する保育者の様子を観察し模倣しながら、次第に生活の仕方を身につけていく。それは、あいさつ、身支度、手洗い、食事、片づけなどの生活習慣から、遊具や用具などの使い方、友だちとのかかわり方にいたるまで、生活のあらゆる側面にわたる。

　さらに、保育者は子どものよき理解者であり、援助者であり、園生活のパートナーでもある。このように保育者は、日々の保育の中で様々な役割を担いながら子どもの成長・発達を支えているのである。

　子どもにとって、多様な人々との出会いは重要である。自分の親や担任の保育者以外にも、他のクラスの保育者、園長、その他の職員、保護者、地域の人々などとかかわり、いろいろな考え方や価値観に触れることは貴重な経験となる。保育者は、子どもが多様な人々とよい出会いができるように、保育者自らがそれらの人々と親しくコミュニケーションをとり、良好な人間関係を作ることが求められる。

　子どもの重要な人的環境としてもう一つ忘れてはならないのは、周囲にいる子どもの存在である。幼児期の子どもは、自分と同年代の友だちを求めるようになる。友だちと一緒に遊ぶことは楽しく、自分とは異なる感じ方や考え方を持つ友だちとのかかわりを通して自分の世界を広げることができる。また、自分の思いや考えを相手に主張したり、相手の思いや考え

と食い違ってぶつかり合ったり、それを受け入れて我慢したりする経験の中で、自己主張や自己抑制の調整を学んでいく。子どもは対等な人間関係を通しても大きく成長を遂げていくのである。

　人間関係の希薄化が指摘される今日、保育現場における人的環境も子どもにとって重要な環境として再認識される必要がある。きょうだいや異年齢の子ども同士のかかわりについても、その機会が少ない子どもたちが多くなっている中で、異年齢保育に取り組む園も増えている。また地域の小学校との交流や、近隣の人々を招いて行う活動など、様々な取り組みが行われるようになってきた。このような取り組みが、子どもの育つ環境を豊かにすると同時に、より多くの人々が子どもに関心を向ける地域づくりにつながるよう期待したい。

時間と空間

　子どもが育つ環境を考える時、「時間」は目に見えないが、子どもの生活を成り立たせる重要な要素として捉えられる。保育所や幼稚園は集団生活の場であるので、いつでも自分の好きなことを好きな時に行うことができるわけではない。自由に遊ぶ時間もあるが、集団で行動する時間もある。こうした保育の時間の流れは、保育者が子どもの発達に応じた生活リズムを考慮しながら作っていく必要がある。子どもが心身共に充実した楽しい生活を送ることができるように、まず日々変わらないルーティン（日課）を定めて1日の見通しが持てるようにすること、活発に身体を使って動く時間と静かに落ち着いて集中したりほっと一息をつくような時間（動と静の活動時間）のバランスをとること、また活動の「始まり―展開―収束」の十分な時間を確保することなどが重要な課題となるだろう。

　保育所や幼稚園には、保育室、ホール、テラス、職員室、トイレ、倉庫、園庭、さらに保育所には給食室など、様々な空間がある。子どもが初めて経験する集団の場は、子どもにとって自分の居場所と感じられる安心できる空間であることが求められる。保育室や園舎のどこに何があるか一目でわかるようになっていたり、それを自由に使えるようになっていることで、子どもは見通しを持って自ら行動することができるようになっていくだろ

う。特に乳幼児期は、基本的生活習慣が形成される時期であり、自分で自分のことができるようになるための場づくりと配慮が大切になる。

　生活や遊びを通して子どもの自立を促していく環境の要点として、時間と空間に共通して「見通し」の課題を挙げた。見通しが持てることは、子どもの安心感にもつながる。現在の日本の保育の場では、限られた条件の中で、子どもが見通しを持って行動できるように細やかな工夫や配慮がされている。たとえば、これから起きること（予定されていること）を事前に子どもに知らせることは、子どもが心の準備をして次の活動へ主体的に移行することを助ける。また、これから行うことに期待やイメージを持って取り組むことができれば、その活動はよりいっそう楽しく充実したものになるだろう。そして、自分の物や皆で使う物を置く場所が決まっていれば、子どもは片づけも自分で行うことができるだろう。

　しかし、現在の日本の保育の場で、子どもたちにとって十分な遊びの時間と空間とが本当に保障できているか、改めて問い直す必要があるのではないだろうか。狭く限られた空間を有効に使って保育を行うためには、同じ空間を多目的に利用することが必要となる。それは柔軟な空間の利用法として、大人の生活においては称賛されることかもしれないが、乳幼児期の子どもの生活の観点からは、大人の都合により活動を頻繁に切り替えなければならず、集中して十分に時間をかけて取り組む経験を得がたくしてしまっているとも考えられる。片づけ活動は、生活習慣の形成という点から論じられることが多いが、頻繁な片づけが、子どもにとって頻繁な活動の中断を意味していないかどうか、検討してみる必要もあるだろう。施設の最低基準の遵守は当然のことであるが、様々な条件から、空間の広さやその使用に制限を受ける場合には、保育の流れにも大きな影響を及ぼし、子どもの活動の楽しさや充実が失われてしまう可能性があることを、保育者は認識しなければならない。

社会と文化

　子どもは社会の中に生まれ育っていく。子どもにとって最も身近な社会は家庭や保育所、幼稚園を含む地域社会である。そして、子どもはその社

会が作り上げてきた文化に包まれ、その影響を受けながら成長していくことになる。子どもは、自分が育つ社会の一員として一人前になるべく社会化され、その社会の言語や価値観や文化を受け継いでいくのである。

かつてわが国では、地縁や血縁の結びつきが強く、生産や生活の面でも人々がつながって地域の共同体を形成し、お互いに助け合いながら暮らしていた。その共同体の中で子育ても行われ、出産や七五三などの通過儀礼の行事も執り行われた。子どもは親以外の様々な大人とかかわり、異年齢の子ども同士で遊びながら成長していった。そうして子どもは行動様式や生活の仕方、知恵や技能を学んでいったのである。

しかし、第二次世界大戦後、わが国では都市化が進み、都市部への人口集中や農村部の過疎化により、地域社会は変貌を遂げた。人間関係の希薄化や地域の連帯性の喪失などにより、かつての地域共同体は多くの機能を失い、子どもの育ちを支える力も弱まってしまったように見える。

とはいえ、今日の子どもにとっても、身近な生活圏である地域社会は影響力の大きい環境である。保育所や幼稚園で行われる保育は、地域社会から切り離しては考えられない。子どもは、地域社会での経験を園に持ち込み、それを話題にしたり再現して遊んだりする。また園でも、地域社会に出かけ、子どもが様々な人の営みに触れることを期待している。子どもは家庭から地域へと生活の場を広げていき、多様な自然や物や人と出会い、いろいろなことを見聞きし体験しながら、成長していくのである。

今日的課題として、地域の新しい連帯が求められている。人と人がつながり支え合う社会では、当然子どもの育ちを支え合う文化が生まれるだろう。そのような社会や文化の一つの要となるのが、地域に在る保育所や幼稚園ではないだろうか。また子どもが育つ社会や文化は、一人一人の子どものアイデンティティの形成においても重要な役割を果たすと考えられる。乳幼児期の保育においては、まずは日常の生活の中で、基本的生活習慣の形成や社会規範への気づきなどを促し、子どもの自立を支えていくことが大切になる。しかし一方で、グローバル化する社会で、将来、より多様な価値観を持つ人々と平和に幸せに生きていくという難題に直面するだろう子どもたちに対して、その子どもたちが基盤とする私たちの社会と文化の

質を保育者自身がよく理解し、問題点を認識しながら、日々の生活の中でその善さを子どもたちに伝承していくという役割を担うことになるだろう。

参考文献
小田豊・神長美津子・森眞理共編著『改訂 保育原理——子どもと共にある学びの育み——』光生館、2009年。
厚生労働省『保育所保育指針解説書』フレーベル館、2008年。
関口はつ江編著『保育の基礎を培う 保育原理』萌文書林、2012年。
民秋言編著『保育原理——その構造と内容の理解——』萌文書林、2009年。
民秋言・河野利津編著『保育原理』(新 保育ライブラリ 保育・福祉を知る) 北大路書房、2009年。
文部科学省『幼稚園教育要領解説』フレーベル館、2008年。

2. 保育における養護対応　　　　　　　　　　　　　高橋誠一郎

統合保育

　統合保育とは、障害児も健常児も同じ場所で保育をすることである。障害児は集団の中で生きていく力を身につけ、また、健常児は障害児と関わる中で成長し、互い得るものが多く、同じ環境の中で共に育ち合うことが期待できる。このように「共に育ち、共に生きる」ことを求め、願うことから、近年では共生保育という言い方もされている。統合保育では、健常児でも障害児でも、ひとりひとりの子どもの発達に合わせた、ノーマライゼーションの考え方から、全ての子どもの発達の保障がされるのである。どのような子どもでも、他の子どもとの遊びや生活を通した、集団の中で成長が育まれ、人格が形成されていくことになる。

　我が国で統合保育が実施されてきた経緯は、1974 (昭和49) 年に当時の厚生省が「障害児保育事業実施要綱」を策定し、軽度の障害児を受け入れる統合保育を保育所で進めるよう制度がつくられた。さらに、1980 (昭和55) 年には、厚生省から「保育所における障害児の受け入れについて」が出され、中度の障害児まで保育所での対応が広げられ、障害児と健常児を一緒にした集団保育を試みようとする画期的なものであった。

　また、保育所における保育内容の基準である「保育所保育指針」には、

障害児に関連する事項が、次のように示されている。

> 第4章　保育の計画及び評価　1保育の計画　(3)指導計画の作成上、特に留意すべき事項
> 　ウ　障害のある子どもの保育
> 　　(ア) 障害のある子どもの保育については、一人一人の子どもの発達過程や障害の状態を把握し、適切な環境の下で、障害のある子どもが他の子どもとの生活を通して共に成長できるよう、指導計画の中に位置付けること。また、子どもの状況に応じた保育を実施する観点から、家庭や関係機関と連携した支援のための計画を個別に作成するなど適切な対応を図ること。
> 　　(イ) 保育の展開に当たっては、その子どもの発達の状況や日々の状態によっては、指導計画にとらわれず、柔軟に保育したり、職員の連携体制の中で個別の関わりが十分行えるようにすること。
> 　　(ウ) 家庭との連携を密にし、保護者との相互理解を図りながら、適切に対応すること。
> 　　(エ) 専門機関との連携を図り、必要に応じて助言等を得ること。

> 第5章　健康及び安全　3食育の推進
> 　(4) 体調不良、食物アレルギー、障害のある子どもなど、一人一人の子どもの心身の状態等に応じ、嘱託医、かかりつけ医等の指示や協力の下に適切に対応すること。栄養士が配置されている場合は、専門性を生かした対応を図ること。

> 第6章　保護者に対する支援　2保育所に入所している子どもの保護者に対する支援
> 　(4) 子どもに障害や発達上の課題が見られる場合には、市町村や関係機関と連携及び協力を図りつつ、保護者に対する個別の支援を行うよう努めること。

　以上の障害児に関する事項によって統合保育の方針が示されている。

　保育所への入所にあたり、特別保育事業の障害児保育の要件は、国から精神や身体に障害を持つ児童へ支給される手当である特別児童扶養手当の支給対象児童や、身体障害者手帳を交付されている児童、知的障害児に交付される療育手帳(「愛の手帳」)を持っている児童、その他児童相談所などの公的機関が認めた児童ということになる。

　保育の現場においては、初めて障害児を受け入れる場合は、安全に過ごせるように環境の改善も必要な場合がある。車いすなどを使って過ごす場合は、庭と建物の出入りがしやすいように段差にスロープの設置やトイレの改修等が必要である。視覚や聴覚に障害のある子どものために、手で触って認識できるような仕組みなどの工夫が考えられる。

　人的な支えとしては、支援が必要な障害児については、加配として保育

士が1人増員される。障害を持った子どもが健常児の集団の中でも生活ができるよう支援するための増員となっている。そして、障害児を受け入れる際には、担当室の保育士のみが抱え込まないように、施設全体で情報を共有し、障害児の保育と保護者の支えに施設全体で関わっていくことが大切である。保護者への支援には、障害児に対する理解と、保育所と保護者との緊密な信頼関係と情報交換が重要とされている。

虐待対応

2011（平成23）年度、我が国で1年間に児童虐待によって死亡した児童数は、58人にも上る（心中による虐待死を除く。厚生労働省社会保障審議会児童部会2013）。まさに1週間に1人亡くなっていることになる。そして、そのうち0歳児が43.1％と最も多く、0歳から2歳までの合計は67.2％とほとんどを占める。主たる加害者は、実母が56.9％と最も多く、これらの多くは妊産婦健康診断未受診、望まない妊娠や若年妊娠に起因している。そして、2012（平成24）年度、児童相談所の虐待相談対応件数は66,807件となり、調査が開始された1990（平成2）年からその数は増加し続け、1990年の66倍となっている。

我が国では、2000（平成12）年に、「児童虐待の防止等に関する法律（児童虐待防止法）」が制定され、初めて児童虐待の定義がなされた。児童虐待について、第2条に以下のように定義されている。

1　児童の身体に外傷が生じ、又は生じるおそれのある暴行を加えること（身体的虐待）
2　児童にわいせつな行為をすること又は児童をしてわいせつな行為をさせること（性的虐待）
3　児童の心身の正常な発達を妨げるような著しい減食又は長時間の放置、保護者以外の同居人による性的虐待又は心理的虐待と同様の行為の放置その他の保護者としての監護を著しく怠ること（ネグレクト）
4　児童に対する著しい暴言又は著しく拒絶的な対応、児童が同居する家庭における配偶者に対する暴力。その他の児童に著しい心理的外傷を与える言動を行うこと（心理的虐待）

児童虐待の防止には、早期発見と早期対応が不可欠である。早期発見と早期対応こそが子どもを守り、虐待してしまう親を守る最善の方法であると言える。児童虐待防止法第5条に「児童虐待の早期発見等」として、「児

童福祉施設職員は児童虐待を発見しやすい立場にあることを自覚し、児童虐待の早期発見に努めなければならない」と努力義務が課せられていることが明記されている。

「保育所保育指針」においても、「第6条 保護者に対する支援 2保育所に入所している子どもの保護者に対する支援」に「(6)保護者に不適切な養育等が疑われる場合には、市町村や関係機関と連携し、要保護児童対策地域協議会で検討するなど適切な対応を図ること。また、虐待が疑われる場合には、速やかに市町村又は児童相談所に通告し、適切な対応を図ること。」と明確に示されている。

保育所は、毎日、長時間、子どもに関わり、また、送り迎えの際に保護者とも毎日関わりがあり、虐待やその兆候を発見しやすい場として第一線にあるため、早期発見の機能が求められるのである。日々の保育の中で、食事を与えられず医療を受けられない様子や、通常でないところの傷、親から世話をしてもらっていない等の異変を感じたら上司へ報告し、保育所内で必要な者が情報を共有すると共に、次の手立てを講ずる必要がある。子どもの命を守るため、子どもの権利を保障するためにも、早期発見と早期の介入は児童福祉施設に従事する者として欠くことのできない(最重要な)役割である。

近年、児童虐待の早期発見のために、全国どこからでも最寄りの児童相談所へ自動でつながる電話番号(0570-064-000)が用意されたり、児童虐待の防止運動として「オレンジリボン運動」が全国で展開されたり、毎年11月は児童虐待防止月間としてさまざまな児童虐待を防止する活動が全国で行われている。

参考文献
川畑隆『子どもと家族の援助法』明石書店、2009年。
岸井勇雄他監修『保育原理』同文書院、2003年。
厚生労働省社会保障審議会児童部会児童虐待等要保護事例の検証に関する専門委員会『子ども虐待による死亡事例等の検証結果等について(第9次報告)』厚生労働省、2013年。
侍井和江編『保育原理第7版』ミネルヴァ書房、2009年、p.147。
辻井正『障害をもつ子のお母さんと先生のために』学研、1996年。

三宅茂夫編『新・保育原理第2版』みらい、2012年。
村井憲男他編著『気になる子どもの保育と育児』福村出版、2008年。
森上史朗他編『よくわかる保育原理第3版』ミネルヴァ書房、2009年。

3. 保幼小の連携　　　　　　　　　　　　　　　南雲　成二

　幼児期の教育を担う保育所と幼稚園における基準として、『保育所保育指針』と『幼稚園教育要領』が平成21年4月から施行された。認定こども園については平成18年4月にその「教育及び保育の内容」が示された。保育指針や教育要領において、小学校との連携に関する内容、小学校教育との円滑な接続の重要性が指摘された。また、小学校学習指導要領においても幼稚園に加えて保育所との連携が明記され、保幼小連携を具体的かつ実践的に推進・開拓していく上で重要な節目が形成された。『保育所や幼稚園等と小学校における連携事例集』に記されている「まえがき」は、保幼小連携教育実践の要と考えるので、紹介しておきたい。

> 　幼児期の教育と小学校教育の円滑な接続のためには、国公私立や幼稚園・保育所を問わず、幼児期の教育を担う施設と小学校が連携していくことが重要です。そのためには、各施設同士における連携に加え、設置者や所管部局が異なる施設が連携しやすいように地方公共団体が連携のための環境を整備することなども大切です。

　平成20年の告示から6年の歳月が流れた今、肝心な保育所・幼稚園・小学校の連携（以下、保幼小連携と略記）は、具体的・実践的に推進されているのだろうか。保育・教育に関する法的根拠を検討したうえで、今日の保育・教育の問題と課題を考えたい。

保幼小連携の法的根拠

　保育所と幼稚園は、その設置目的の違いからそれぞれに設置・運用されてきた。しかし、我が国における急速な少子化の進行並びに家庭及び地域

を取り巻く環境の変化に伴い、小学校就学前の子どもの教育及び保育に対する需要が多様なものとなっていった。このことから、2006（平成18）年に「就学前の子どもに関する教育、保育等の総合的な提供の推進に関する法律」が施行され、認定こども園制度が新たに誕生した。認定こども園は、幼稚園・保育所等のうち、就学前の子どもに幼児教育・保育を提供する機能と、地域における子育て支援を行う機能を備え、認定基準を満たした施設が都道府県知事から認定を受けて設置できる施設とされる。この認定こども園は、『幼稚園教育要領』及び『保育所保育指針』に従って保育にあたっている。これは、平成18年に告示された「就学前の子どもに関する教育、保育等の総合的な提供の推進に関する法律第三条第一項第四号及び同条二項第三号の規定に基づき、文部科学大臣と厚生労働省大臣とが協議して定める施設の設備及び運営に関する基準」に準拠しているためである。この法令の中で小学校教育との連携強化について次の三点を示している。①子どもの発達や学びの連続性を確保する観点から、小学校教育への円滑な接続に向けた教育及び保育の内容の工夫を図り連携を通じた質の向上を図ること。②認定こども園と小学校等との子どもの交流活動及び教職員の合同研修等の積極的な実施の推進を図ること。③すべての子どもについての指導要録の抄本・写し等の子どもの育ちを支えるための資料送付により連携する等、教育委員会、小学校等との積極的な共有と理解を深めること。

　平成18年12月、教育基本法が制定後はじめて改訂された。幼児教育に関連する項目としては、同法第3条において生涯学習の理念が、同法第10条において家庭教育が、同法第11条において幼児期の教育が新たに規定された。これを受け、平成19年に学校教育法等が改訂され、平成20年3月に幼稚園教育要領、小学校学習指導要領が改訂された。

　同年4月には保育所保育指針が改訂され、法的拘束力を持つものとなった。『保育所保育指針解説』において厚生労働省は、保育をめぐる環境の変化の一つに教育基本法の改訂を挙げている。すなわち、児童福祉の理念を具現化した施設の一つである保育所と、教育の理念を定めた教育基本法との関連性が、今次改訂において強化されたといえるのである。また、保育及び教育内容を規定する幼稚園教育要領と保育所保育指針は、特に3歳

以上の子どもに対する教育的機能に関しては、幼児教育の指針として整合性が図られており、保育所と幼稚園等で全く別種の教育的活動が行われないよう配慮されている。

　改訂された『保育所保育指針解説』における改訂の要点には、小学校との連携が記されている。そのうえで第3章では、「幼児期にふさわしい生活を通して、創造的な思考や主体的な生活態度などの基礎を培うようにすること」と示され、第4章では、小学校との連携について、「就学に向けて、保育所の子どもと小学校の児童との積極的な連携を図るよう配慮」し、「保育所に入所している子どもの就学に際し、市町村の支援の下に、子どもの育ちを支えるための資料が保育所から小学校へ送付されるようにすること。」と示されている。幼稚園教育要領においては、第3章で「幼稚園教育と小学校教育との円滑な接続のため、幼児と児童の交流の機会を設けたり、小学校の教師との意見交換や合同の研究の機会を設けたりするなど、連携を図るようにすること。」と示されている。小学校学習指導要領においては、第1章において「小学校間、幼稚園や保育所、中学校及び特別支援学校などとの間の連携や交流を図る」と記している。

　これまで述べてきた保幼小連携の必要性が高まった背景として、いわゆる小1プロブレムという問題が存在する。これは、児童が、授業中に座っていられなかったり、集団行動が取れなかったりする状態が続き、学校での学習が成立しないという状況である。この問題の緩和こそが、保幼小連携の目標の一つといってもよいであろう。

　小学校学習指導要領は、生活科を中心として国語、音楽、図画工作等の教科との連携を図って児童の発達段階に応じた教育を実施するように示している。生活科は、平成元年に改訂された小学校学習指導要領において、低学年の社会科と理科を廃止して新たに設置された教科である。その目的は、「具体的な活動や体験を通して、自分と身近な人々、社会及び自然とのかかわりに関心をもち、自分自身や自分の生活について考えさせるとともに、その過程において生活上必要な習慣や技能を身に付けさせ、自立への基礎を養う」ことである。平成20年に改訂された『小学校学習指導要領解説　生活編』によると、「小学校低学年では、幼児教育の成果を踏まえ、

(中略)教科等の学習活動に円滑な接続を図ること。」などが課題として指摘されている。そもそも生活科新設の趣旨の中には、幼児教育との連携が重要な要素として位置付けられていたとされる。そして、「小1プロブレムなどの問題を解決するために、生活科が果たすべき役割には大きなものがある。」とされている。したがって、生活科を中心に、国語、音楽、図画工作等の教科との連携は、幼稚園教育要領等に記されている5領域の環境、言葉、表現に対応しており、それらの領域が発展したものと考えられるのである。5領域における健康は、小学校低学年においては体育が担っていると考えられる。小学校低学年における体育の内容は、体つくり運動の他に、器械・器具を使っての運動遊び、走・跳の運動遊び、水遊び、ゲーム、表現リズムあそびとなっており、遊びがその中心とされている。また、「幼稚園での身体諸機能の調和的発達の学習体験を生かし伸ばす」と記されている。道徳と特別活動においても幼児との関わりに関する項目が示されており、幼稚園教育要領等における人間関係を発展させたものとしても位置付けられるといえよう。

　以上を踏まえ、保幼小連携の法的根拠を総括すると、「保育所・認定こども園・幼稚園・小学校は、日本国憲法、児童憲章、児童福祉法、教育基本法、児童の権利に関する条約等を基盤とする法制度によって、連携して子どもを育てる必要性が定められている。」ということである。

保幼小連携の実践における成果と課題

　我が国では5歳児の97％は、保育所、幼稚園、認定こども園に通った後、義務教育施設である小学校に入学している。保育所や幼稚園等で行われている幼児期の教育は、先の章で触れた教育法令にも記述されているように、義務教育及びその後の教育の基礎を培うものである。そして、保育者や教員は、幼児の自発的な活動としての遊びを重要な学習として位置づけ、幼児期の発達の特性に照らし、保育課程や教育課程を編成し、環境を通した意図的・計画的な指導を行っている。特に、幼児期の教育は、遊びを通して身体感覚を伴う多様な活動を経験することによって豊かな感性を養うとともに、生涯にわたる学習意欲や学習態度の基礎となる好奇心や探求心を

第11章　今日の保育の問題と課題　175

培うことを意図している。また、幼児期の教育は、小学校以降における教科の内容等について実感を伴って深く理解できることにつながる学習の芽生えを培うことも重視している。この特質を有する幼児期の教育は、子どもの内面に働きかけ、一人ひとりのもつ良さや可能性を見いだし、その芽を伸ばすことをねらいとしている。幼児期の教育において大切にしているのは、生涯にわたる学習の基礎を作ること、つまり「後伸びする力」を培うことを重視しているのである。

　教育基本法や学校教育法、学習指導要領等に示されている通り、義務教育は子どもの有する能力を伸ばしつつ社会において自立的に生きる基礎を培うとともに、国家及び社会の形成者として必要とされる基本的な資質を養うという役割を果たしている。義務教育においては、すべての子どもに一定水準以上の教育を保障することが求められている。このことを再度確認して考察を深めたい。

　学習生活の約束として、小学校では時間割に基づき各教科等の内容を年間や単元の指導計画の下、教科書などの教材・学習材を用いて指導している。遊びを中心とした幼児期の教育と教科等の学習を中心とする小学校教育では、教育内容や教育方法が異なっているものの、保育所や幼稚園等から義務教育段階へと子どもの発達や学びは連続しており、幼児期の教育と小学校の教育は円滑に接続されることが望ましい。しかし、小学校入学後

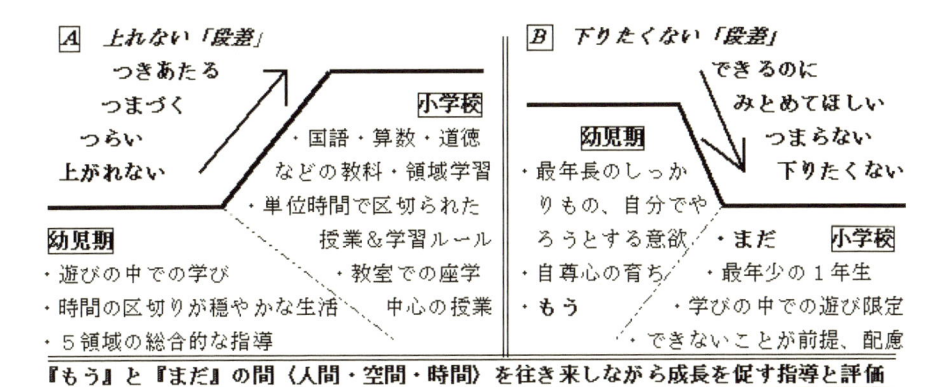

A 上れない「段差」	B 下りたくない「段差」
つきあたる／つまづく／つらい／上がれない　→　小学校：・国語・算数・道徳などの教科・領域学習・単位時間で区切られた授業＆学習ルール・教室での座学中心の授業	できるのにみとめてほしい／つまらない／下りたくない　←　幼児期：・最年長のしっかりもの、自分でやろうとする意欲・自尊心の育ち
幼児期：・遊びの中での学び・時間の区切りが穏やかな生活・5領域の総合的な指導	小学校：・まだ・最年少の1年生・学びの中での遊び限定・できないことが前提、配慮

『もう』と『まだ』の間《人間・空間・時間》を往き来しながら成長を促す指導と評価

就学を境に生ずる「段差」のイメージ図

出典：筆者作成

の生活の変化に対応できにくい子どももおり、小学1年生などの教室では、学習に集中できない、教員の話が聞けず授業が成立しない等学級がうまく機能しない状況も見受けられる。

　これらの点からも、子ども一人ひとりがこうした生活の変化に対応し、義務教育及びその後の教育において実り多い生活や学習を展開できるよう、保育所や幼稚園、認定こども園等と小学校が相互に教育内容を理解し合い、子ども同士の交流を積極的に図り、指導方法や支援手立ての工夫改善を図ることが求められる。ここで肝心なことは、保育所や幼稚園こども園等における教育か小学校教育のどちらかが、もう一方の教育に合わせることではない。各施設がそれぞれの果たすべき役割を果たすとともに、保育所や幼稚園・子ども園等と小学校との間で、幼児・児童の実態や指導方法等について理解を深め、広い視野に立って幼児・児童に対する一貫性のある教育を相互に協力し、連携することが求められている。

　「育」をめぐる様々な観点と実践的取り組みを共有し、協働していくことが大切なのであり、保育・遊育・療育・愛育・守育・教育の総合や統合が実践の課題そのものである。

　保幼小連携の実践の視点として、第一に異年齢交流が挙げられる。小学校入学に対する不安を軽減するために効果的な方法は、小学校生活を体験することができる機会を作ることである。具体的な形で成果が現れやすいのは異学年交流である。保幼小連携の効果を上げるには、イベント的なものより、国語科の単元学習や生活科（音楽・図工との合科も含め）や、総合的な学習の時間などに位置づけ、ねらいと指導計画とを明確にした取組みが必要となる。具体的には、子ども同士の交流活動が挙げられよう。それにより、幼児は自分の将来の小学校での生活に期待を寄せられる。また、児童も、幼児に伝わるような言葉使いやかかわりを工夫したり、思いやりの心を育んだり、自分の成長に気付いたりすることができるようになっていくのである。しかし、単なる交流で終わらせないためには、継続的な活動とする必要がある。したがって、交流する保育所・幼稚園等と小学校がそれぞれに活動目標を明確化するとともに、年間指導計画に組み込む努力が求められるのである。また、一部の幼児と児童だけの交流ではなく、保育

所・幼稚園・小学校等と保護者・地域が一体となって交流できる体制を、行政も支援していく必要があるといえよう。

　第二に異年齢交流を軸とした教員同士の連携が挙げられる。保幼小連携のねらいを円滑な接続とするならば、異年齢交流はその入り口に位置づけられる。異年齢交流で不安が軽減されたとしても教員の指導法や対応の仕方に段差を感じるならば、その効果は半減してしまうであろう。学び手である子どもの側から考えると、小学校に入学すると保育所や幼稚園に比べて楽しく遊んだり先生に気持ちをじっくり聞いてもらったりする機会が減り、先生からの直接指示や達成すべき課題、守るべき決まり等が急に増える傾向がある。異年齢交流を入り口に、教え手も学び手も共に納得のいく円滑でバランスのよい学習を紡ぎだしていくことが求められ、そのための連携の在り方の模索が大切である。具体的には、教職員間の相互理解や人事交流が挙げられよう。教員間の連携についても、子どもたちの異年齢交流と同様に継続的な交流であるとともに、一部教員だけの交流ではなく、全教職員が参加できる体制が必要である。特に、保育所・幼稚園・小学校等の勤務体系はそれぞれ大きく異なっているため、地域の実情や行政の支援等が不可欠である。したがって、教職員間の連携は容易ではないが、それを乗り越えて連携すると、次のような成果が表れるのである。すなわち、保育者や教員は、合同研修・合同保育・授業参観を通して、子どもの発達や学びの連続性や遊びと学習の関連性などについて共通認識を深めるとともに、指導・支援の共通点相違点が明確になっていく。それと同時に、保育者と教員は、5～6歳児のカリキュラムを保・幼・小の立場で共有できるようになっていく。このカリキュラムに関する相互理解が可能となったとき、小学校入学期までの学びの連続性を意識し、育てたい力を明確にできるとともに、子どもの成長・発達の具体に即した指導・支援の知恵と知識を共有できるのである。つまり、保育所や幼稚園からの学びの連続性を大切にして一人ひとりの成長をとらえることで、「～ができない」から「～ができるようになった」という肯定的な評価観が共有されるようになるのである。また、上述したイメージ図の右下にある「もう～」から「まだ～」への視点移動も柔軟になる。そして、保護者支援も深めることができるよ

うになり、保護者と地域から信頼される、保育所・幼稚園・小学校へと変化できると考えられる。

　全ては教職員連携の充実にかかっている。今いる場所において現実的課題を正確に把握し、保幼小の教育連携を具体的に推進できる力こそが、これからの全ての保育者と教員に求められているのである。

参考文献

解説教育六法編修委員会編『解説教育小六法 2013』三省堂、2013年。
厚生労働省編『保育所保育指針解説書』フレーベル館、2008年。
厚生労働省HP内「保育所や幼稚園等における小学校との連携事例集（平成21年3月）」
　　URL：www.mhlw.go.jp/houdou/2009/03/dl/h0319-1a.pdf（平成26年2月21日確認）
文部科学省著『小学校学習指導要領』東京書籍、2008年。
文部科学省著『小学校学習指導要領解説　総則編』東洋館出版社、2008年。
文部科学省著『幼稚園教育要領解説』フレーベル館、2008年。
文部科学省HP内「保幼小連携の成果と課題（調査研究事業報告書等より）」
　　URL：http://www.mext.go.jp/b_menu/shingi/chousa/shotou/057/shiryo/08111109/004.htm（平成26年2月21日確認）
文部科学省・厚生労働省幼保連携推進室HP内「就学前の子どもに関する教育、保育等の総合的な提供の推進に関する法律第3条第1項第4号及び同条第2項第3号の規定に基づき、文部科学大臣と厚生労働大臣とが協議して定める施設の設備及び運営に関する基準」
　　URL：http://www.youho.go.jp/data/kodomoen11.pdf（平成26年2月21日確認）

4．今日の保育の問題と課題　　　　　　　　　　　　河井　延晃

保育における情報化の問題

　保育や情報化という言葉は、今日では日常用語としても使用されており、一応ひろく社会的に認知された言葉であると位置づけられる。しかし両用語は、それぞれの学問領域で追究される一方、保育・幼児教育という実践の場においては、どのような接点を見出していくべきであるのかは、今もってなお模索の段階となっている。

　国内でIT（Information Technology）革命が喧伝された2000年に日本保育協会は、全国の私立認可保育所を対象に、保育所の情報化に関する調査を実施した（同調査の結果は「保育所の情報化に関する実態調査報告書」となっている）。

この調査で、保育施設において「情報化に取り組まなければならない」と回答した割合は54.6％であった。調査について、報告書の解釈や情報化の認識、調査時の情報環境など検討されるべき点は多々あるが、当時の保育現場において、情報化に対して一定の「必要性や危機感」が示されている。しかし、残りの回答者の割合をふまえるなら「保育に情報化が不可欠」とまでは言い切れないような、半ば曖昧な状況であったと解釈できる。そして、今日でも保育と情報化の親和性は、他業種の情報化に比べると、決して高い理解を得られている分野であるとは言い難い結果となっている。

　では実際に「保育の情報化」とは、どのように理解すべきなのだろうか。幾つかの観点を挙げてみよう。第一に「保育現場へ最新の情報技術の適用」という「技術中心的」な視点がある。最新の技術や知識が一種の啓蒙主義的な立場と結びつくことは、決して特殊なことではないが、無反省な「ばらまき」の危険を伴う。第二に「数ある保育技術についての一つの代替技術」として情報技術を捉える「現場中心的」な視点がある。この場合の情報化は、新たな保育観の提示でなく既存の保育技術の代替にとどまり、保育に関するやや現状肯定的な立場の温存になりがちである。つまり、保育の本質は不変であり、情報化は新奇なものをもたらさないという認識である。

　どちらの場合でも、保育と情報化の関係が木に竹を接ぐような図式となることは乱暴な議論であり、本来あるべき保育と情報化の関係性を模索することには繋がらないといえよう。保育を含め私たちの生きる社会自体は日々変化しているのであり、そうしたなかで保育と情報化の接点を模索することが重要性をもつ。当然の認識といえよう。では、保育における情報化とは、今後どうあるべきかを引き続き論じていくこととする。

保育環境とICTを取り巻く状況

　まず「情報化」という言葉を考える場合、コミュニケーション技術としての重要性からIT（Information Technology）という表記以上にICT（Information and Communication Technology）という表記が一般的になっており、今日のITやICT革命は一種の「コミュニケーション革命」と換言できる。コミュニケーションは、つねに二つ以上の関係によって成立するものであるが、

ここでは一つを保育士とし、その保育士がかかわる様々なコミュニケーションを分類したうえで、それぞれの観点から今日どのような関係が重要性を持つかをいくつかの側面に分けて考えてみよう。

第一に保育士のかかわりあいは園児（子ども）であり、子どもとのかかわりが最重要であることは言うまでもない。ICTとの関連からは、①保育原理の観点からICTの役割をとらえること、②保育内容とのかかわりでICTとのかかわりをとらえることも重要な課題となる。とくに、後者については「言葉」・「表現」活動などとの関わりを単にコンピュータメディアに置き換えるのではなく、慎重に検討する必要がある。むしろ、既存メディアの持つ特性は、保育内容においてかなり検討されており、それ自体が歴史的に形成されてきたものである。また、既存の保育技術や原理と合わせてICTの根拠を考察することは、保育原理だけでなく教育原理にもかかわる。

これらに加え、直接子どもと関わらない保育上のコミュニケーションとして三つに分けて捉えることができる。まずは、③同僚の保育士間とのコミュニケーションである。さらに、園外とのコミュニケーションとして一つは、④保護者や父兄とのコミュニケーションであり、もう一つは⑤園外（地域近隣など）とのコミュニケーションである。これら、①②は保育という観点から子どもに直接かかわるコミュニケーションであり、③-⑤は間接的ではあるが、今日の保育を特色付けるICT環境として非常に重要な意味を持ってきている。

媒介者（メディエーター）としての保育者の役割

ここでは、まず前述の①保育原理における役割、②保育内容についての役割が問題となる。保育原理においては、子どもの環境理解は大きなテーマである。『保育学大事典』によると、保育が対象とする子どもの環境は、社会環境、情報環境、自然環境、物質文化環境の四つに分けられ、さらにそれぞれが段階ごとに細分化されている。特に情報環境については、絵本やテレビ、ビデオ、電話、パソコンが挙げられつつも、一つのカテゴリーで括られており、絵本やビデオ教材の利用に関しては区別されていない。これは、幼児理解のためにも、幼児の環境世界が多様で多元的に成立して

いることに注目し、理解することが重要であることを示している。たとえば絵本は、今日の出版産業における一大ジャンルとなり、書店の一角を占めている。そして、幼少期の発達過程における視覚性とメディアの重要性を論じたものとしては、歴史上最初の子ども向け絵本（教科書）として紹介されるコメニウスの『世界図絵』や、ペスタロッチからフレーベルに至る「直観教授」の概念において理解することができる。これらは視覚メディアの教育効果を示すものであり、文字中心の教育とは区別される。これらの直観教授の概念は、日本国内においても明治期の開国以来、様々なかたちで受容され、単なるテクスト中心の教材・教具に止まらない教育観を提示し、実体験や経験主義的立場とも区別されるべき「モノを見て理解すること」の重要性を明らかにした立場を確立してきたといえよう。

　ここで、諸々の教材を実在論的にとらえるか、それとも関係論的によってとらえるかによって、その「保育者‐教材（メディア）‐子ども」のコミュニケーションの解釈は二つに分けることができる。単純化すると、絵本は保育者によって物的に与えるものか、それとも絵本を活用して保育者が積極的に意味づけるのかということである。一般に、絵本を保育室に置いておくだけでは、いくら絵本に囲まれていても十分な言語的発達をはじめとして成長は期待できないのであり、そこで「読み聞かせ」や「素話」が保育者によって導入され、絵本と子どもの仲立ち（メディエーション）の役割を果たしていくこととなる。また、そこでは「よい絵本とは何か（実在）」を問うよりも、「よい読み聞かせ（関係）」こそが重要となってくる。

　では、保育環境に情報環境を導入する際、「ITやICTを読み聞かせる（仲立ちする）」のはだれであろう。ここでの読み聞かせとは、保育者による「意味づけ」のプロセスであり、保育者は記録メディアと子どもを繋ぐコミュニケーションメディアの役割を果たすのである。つまり保育者自身が人（子ども）とモノを繋ぐメディアとなるのである。当然、保育士に限定されない保育者であるのだが、きわめて単純、堅牢、安全な「ソフトウェア・カートリッジ」である絵本に対し、幼児教育に保育内容の観点から現場でIT活用を展開することは扱いやすさの面からも容易ではない。

　ここでは、IBMが行ったキッズスマート活動を、一般によく知られて

いるものとして挙げることができる。キッズスマートは1998年にアメリカで開始され、現在では60以上の国に広がっているものであり、IBMの説明によると次のようなものである。

「キッズスマート（KidSmart：幼児教育支援）は、子どもたちが遊びや生活の中でコンピューターに親しめる環境を提供し、自ら考え創造する能力を養うことを目的としています。幼児教育の専門家を交え、幼稚園・保育所・学校の先生方と一緒に創り上げていくプログラムです。（IBM社「キッズスマート（幼児教育支援）」HPより）」

IBMは社内の保育施設などの充実も含め、女性の働きやすい職場としても知られているが、本プログラムは社外の施設に対する支援事業の一環である。本活動では、技術提供だけでなく人員の提供まで含まれ、日本では2001年から支援が開始され、全国700カ所以上の幼稚園・保育所・特別支援学級などに広がっている。そして、このような、萌芽的な取り組みにおいては人的支援が大きな課題であったと窺えよう。

メディア化する子育てと家庭・地域社会形骸化の問題

前述のキッズスマートは、情報関連企業からの技術的／人的双方を含めた社会連携や幼児教育支援であったが、保育の大きな役割を担いつつある保育施設はどのような社会的広がりを持つか、また保育士はどのような役割を果たすことができるであろうかという課題を突き付けている。これは保育支援の延長に位置づけられるものであり、④や⑤の園外のコミュニケーションとして捉えることができる。ここでは一つの象徴的な社会現象を通じて、情報メディアの発達に際してどのような環境が立ち現れているか、今日の情報化とあわせて保育や子育てを考えてみたい。

たとえば、森上史朗は130万人（日本の幼児の4人に1人）が利用している幼児教育用通信講座の「しまじろう」の影響を指摘しつつ、育児論や育児書の歴史的な経緯を説明する中で、「人びとの子育てという行為がマスメディアにからめとられていく過程」であると指摘している。

原初的な血縁・地縁に媒介された育児は、コミュニケーション論的には「口承的」であり「身体的」な伝達様式であった。一方で、近現代にかけて

育児は保育として制度化され、0歳児からその対象となりつつあることで、家庭保育から家庭外における育児の役割が相対的に大きくなりつつあるといえよう。核家族の進行とともに、家庭においての育児そのものの知識も子育て雑誌や様々な育児書などのマニュアル本によって構成される傾向が強くなり、育児におけるオピニオンリーダーは育児経験者の祖父母ではなく、メディアを介して家庭に飛び込む専門家や保育技術者が権威筋となりつつある。

「しまじろう」現象が象徴的なように、属人的な子育てが大衆化技術に転換されている背景には、就学前教育における教科書に相当する様な権威、すなわちマスメディアが不在という事情もある。一方で、小学校以降の初等教育ほどには体系的な教育方法はなく、小学校以降の教育においては当たり前になりつつあるICTの導入は、現状の保育環境においては保育士や保育園による裁量に任されている面が多い。

心理学者の下條信輔によると、早期教育熱の高まりと心理学とのかかわりを論じる際に以下のように指摘している。「もともと赤ちゃんの持っている豊かな能力に対する賛辞であったはずの『スーパーベビー』という形容が、マスジャーナリズムのどこかで短絡し、「早期教育によってスーパーになれる」というメッセージと（もしかすると故意に）すり替えられた疑いもある。」さらに、下條によると、早期化教育に際して、健康食品や新興宗教などの「疑似科学的」雰囲気をまとって登場してきたことも指摘している。一種のメディア依存状況であるが、これは「子どもをアニメ漬けにする」といった単純なものではなく、保育そのものが無意識的にメディア漬けにされているということである。いうまでもなく、これらは個別のメディア企業の問題ではなく、社会構造的な問題が含まれており、保育環境と社会環境の関係性に注目したうえでメディアの関与に保育者自身が注目していく必要がある。

このようなメディア依存が生じる背景には、旧来の子育て環境が保育環境に変遷した経緯と並行していることや、大衆メディア社会による保育への関与が、保育者による保育と混同されて一般化する状況が混在しているのではないかと思われる。結果的に、保育環境としての家庭と保育園、幼

稚園は全く性質の異なる保育環境として区別されており、④や⑤を改めて今日議論せざるを得ない背景である。

多様な保育サービス化の帰結と課題

　保育と情報化はベクトルこそ異なるものの、本章で論じたように社会構造の変容に際し大きな影響を受けているが、どのような課題や展望があるのか注目していく。

　保育環境は、専門組織として家庭から切り離され、福祉制度に位置づけられ、保育環境は規制緩和とともに、よりサービス産業としての色合いを濃くしてきている。特に「認定こども園」や「スマート保育園」などの制度的な再編から、従来からある「地域交流」や「家庭連携」など、園外を含めた空間的な広がりを無視して保育を考えることは困難になりつつある。むしろ、近年の傾向として、それらの経営主体は宗教団体や公的経営による福祉施設だけでなく、規制緩和とともに大手企業や小規模なサービス産業として展開されるようになりつつある。

　また、全国保育協議会の調査報告によると、平成20年に「保育所と地域が協働した子育て支援活動研究事業」としてまとまった報告が明らかとなった。その中でも、地域の子育て支援に際しての保育所提供型のプログラムとして、「周知システム形成」の重要性が指摘されている。これらの中で、ポスターやホームページ、メルマガ等の定期的なシステムの確立や未就園児の保護者とのコミュニケーションなども挙げられているが、これらは既存技術であり現場の意識次第で左右されるものとなっている。

　ただし、地域連携自体が多くのマンパワーを提供するまでの余裕を持てないことも挙げられている。すべてを園で完結させて活動させるのではなく、まさにネットワーキングによる「協働」により、ボランティアやNPOの力を組織することも求められる。そして、このようなボランタリーな組織活動とインターネットシステムの親和性が高いことは、震災時やNPOの活動の中においても数多くの実践事例が積み上げられ議論されてきたことをここでは指摘しておきたい。この様な地域に根づいた保育システムの形成はある種の流行りの技術を使いながらも、地道で継続的な活動が求め

られる。

　また、流動性の高い保育士の職場のマッチングや、父兄側からの保育施設の検索など、情報化技術の介在する側面はますます増大してゆくことが想定される。このようななかでどのように信頼や安心を形成してゆくかということは保育において今後さらに重要性を増すであろう。

　本章では、単に保育環境が情報化によって抜本的に変容したといったインパクト論ではなく、保育環境、情報環境がそれぞれどのような制度的展開をみせており、どのような接点を持っているかについて検討をおこなった。このような現代において、犯しやすい過ちは二つある。第一に極端に理想化された子ども像と育児観であり、第二に極度に技術中心的な子ども像と育児観である。この二つは対極にあるが、どちらも、単純な子どもや育児に関する神話、そして疑似科学的言説に基づくステレオタイプ化を伴う点で、共通の認知構造を有す。保育に不可欠となるのは、この様な情報環境に埋め込まれたメディア化する保育環境を批判的にとらえつつも、しなやかに情報技術を取り込むことであり、これは実践的にも大きな意味を持つと考えられる。

参考文献

森上史朗・小林紀子・若月芳浩編『保育原理　第2版』ミネルヴァ書房、2013年、pp.154-155。
金子郁容『コミュニティ・ソリューション』新版. 岩波書店、2002年。
下條信輔『まなざしの誕生』新装版. 新曜社、2006年、p.30。
日本保育協会「保育所の情報化に関する実態調査報告書」2000年。
　　http://www.nippo.or.jp/cyosa/13/index.html
全国保育協議会「保育所と地域が協働した子育て支援活動研究事業」2007年。
　　http://www.shakyo.or.jp/research/08hoikusien.html
IBMキッズマート（幼児教育支援）
　　http://www-06.ibm.com/ibm/jp/company/society/educ/kidsmart.html
岡田正章ほか編『保育学大事典』第一法規出版、1958年、pp.99-109。

執筆者一覧

第1章 　　近喰　晴子（こんじき・はるこ）秋草学園短期大学教授
　　　　　　放送大学学園　学士

第2章 　　松田　純子（まつだ・じゅんこ）実践女子大学教授
　　　　　　米国・ミルズ大学大学院　文学修士

第3章 　　塚原　拓馬（つかはら・たくま）実践女子大学専任講師
　　　　　　青山学院大学大学院　博士（心理学・青山学院大学課程）

第4章 　　笹川　啓一（ささがわ・けいいち）実践女子大学助手
　　　　　　明星大学大学院　教育学修士

第5章 　　田中　正浩（たなか・まさひろ）実践女子大学教授
　　　　　　上智大学大学院　文学修士

第6章 　　酒井　幸子（さかい・さちこ）武蔵野短期大学教授・同附属幼稚園長
　　　　　　聖徳大学大学院　児童学修士

第7章1. 　岡澤　陽子（おかざわ・ようこ）武蔵野短期大学准教授
　　　　　　東京家政大学　教育学学士

第7章2. 　今井　康晴（いまい・やすはる）武蔵野短期大学専任講師
　　　　　　明星大学大学院　教育学修士

第7章3. 　水野　いずみ（みずの・いずみ）実践女子大学准教授
　　　　　　東京大学大学院　社会心理学修士

第7章4. 　中村　陽一（なかむら・よういち）秋草学園短期大学教授
　　　　　　筑波大学大学院　学術修士
　　　　　秋山　智美（あきやま・さとみ）秋草学園短期大学特任講師
　　　　　　日本大学大学院　文学修士

第7章5. 　八木　浩雄（やぎ・ひろお）武蔵野短期大学専任講師
　　　　　　明星大学大学院　教育学修士

第7章6.1 　長谷川　恭子（はせがわ・きょうこ）実践女子大学助教
　　　　　　武蔵野音楽大学大学院　音楽修士

第7章6.2　　井上　千枝子（いのうえ・ちえこ）実践女子大学教授
　　　　　　日本女子体育大学　体育学学士

第7章6.3　　井口　眞美（いぐち・まみ）実践女子大学専任講師
　　　　　　東京学芸大学大学院　教育学修士

第8章　　　土屋　由（つちや・ゆう）秋草学園短期大学専任講師
　　　　　　大妻女子大学大学院　家政学修士

第9章　　　井口　眞美（いぐち・まみ）実践女子大学専任講師
　　　　　　東京学芸大学大学院　教育学修士

第10章　　今井　康晴（いまい・やすはる）武蔵野短期大学専任講師
　　　　　　明星大学大学院　教育学修士

第11章1.　松田　純子（まつだ・じゅんこ）実践女子大学教授
　　　　　　米国・ミルズ大学大学院　文学修士

第11章2.　高橋　誠一郎（たかはし・せいいちろう）実践女子大学非常勤講師
　　　　　　米国・ワシントン大学大学院　社会福祉学修士

第11章3.　南雲　成二（なぐも・せいじ）実践女子大学教授
　　　　　　横浜国立大学大学院　教育学修士

第11章4.　河井　延晃（かわい・のぶあき）実践女子大学専任講師
　　　　　　東京大学大学院　学際情報学修士

編著者紹介

近喰 晴子（こんじき はるこ）

現職：秋草学園短期大学教授
最終学歴：放送大学学園　学士
専門：幼児教育学、保育学

主要論文・著書

- 「幼児期における言語教育―フレーベルの思想を中心として―」幼児教育学研究第3号（1996年）
- 「自然環境とかかわる保育の試み」幼児教育学研究第5号（1998年）
- 「保育所保育指針改定に伴う研修のニーズについて」秋草学園短期大学紀要25号（2008年）
- 『幼稚園実習・保育所実習のMind & Skill』〔共著〕学芸図書（2008年）
- 『新生活教養―社会人としての基本マナー―』〔共著〕建帛社（2009年）
- 『幼稚園教諭・保育士のための現代保育者論』〔共著〕大学図書出版（2011年）
- 『子どもの育ちを支える教育課程・保育課程論』〔共著〕大学図書出版（2014年）

松田 純子（まつだ じゅんこ）

現職：実践女子大学教授
最終学歴：ミルズ大学大学院　文学修士
専門：保育学、幼児教育学

主要論文・著書

- 「幼児の生活をつくる―幼児期の『しつけ』と保育者の役割―」実践女子大学生活科学部紀要 第48号（2011年）
- 「幼児期における基本的生活習慣の形成―今日的意味と保育の課題―」実践女子大学生活科学部紀要 第51号（2014年）
- 「保育の実践と子ども理解―保育者Vivian Paleyの保育実践から考える―」幼児教育学研究 第21号（2014年）
- 『子どもの育ちを支える幼稚園教育実習』〔共著〕大学図書出版（2011年）
- 『保育者をめざす人の保育内容「言葉」』〔共著〕みらい（2012年）
- 『幼稚園と小学校の教育―初等教育の原理―[改訂版]』〔共著〕東信堂（2013年）
- 『子どもの育ちを支える保育内容総論』〔共著〕大学図書出版（2013年）

監修者紹介

乙訓　稔（おとくに・みのる）

武蔵野学院大学特任教授・実践女子大学名誉教授
日本ペスタロッチー・フレーベル学会会長

学歴

上智大学大学院修了　博士(教育学・論文)
スイス・チューリッヒ大学留学（客員研究員）
専門：教育学、教育思想

主要著訳書

　　D.トレラー『ペスタロッチの哲学と教育学』（単訳、東信堂、1992年）、F.P.ハーゲル『ペスタロッチとルソー』（単訳、東信堂、1994年）、P.ナトルプ『ペスタロッチ―その生涯と理念―』（単訳、東信堂、2000年）、『ペスタロッチと人権―政治思想と教育思想の連関―』（単著、東信堂、2003年）、J.H.ボードマン『フレーベルとペスタロッチ―その生涯と教育思想の比較―』（単訳、東信堂、2004年）、『西洋近代幼児教育思想史―コメニウスからフレーベル―』（単著、東信堂、2005年、第2版2010年）、『教育の論究』（編著、東信堂、2006年、改訂版2008年）、『ペスタロッチー・フレーベル事典』増補改訂版（編著、玉川大学出版部、2006年）、W.ベーム編著『教育と人権―人権教育の思想的地平―』（監訳、東信堂、2007年）、N.ハンス『教育政策の原理―比較教育研究―』（単訳、東信堂、2008年）、『西洋現代幼児教育思想史―デューイからコルチャック―』（単著、東信堂、2009年）、『幼稚園と小学校の教育』（編著、東信堂、2011年、改訂版2013年）、J.プリューファー『フリードリヒ・フレーベル―その生涯と業績―』（共訳、東信堂、2011年）、『ブリタニカ国際年鑑』（ブリタニカ・ジャパン、2011年、2012年　一般項目「教育」担当執筆）、『日本現代初等教育思想の群像』（東信堂、2013年）

保育原理――保育士と幼稚園教諭を志す人に

2014年6月30日　　初　版第1刷発行　　　　　　　　　　〔検印省略〕
　　　　　　　　　　　　　　　　　　　　　　　定価はカバーに表示してあります。

監修Ⓒ乙訓稔　発行者　下田勝司　　　　　　　印刷・製本／中央精版印刷株式会社

東京都文京区向丘1-20-6　　　郵便振替 00110-6-37828
〒113-0023　TEL (03) 3818-5521　FAX (03) 3818-5514　　　発行所　株式会社 東信堂
　　　　　　Published by TOSHINDO PUBLISHING CO., LTD.
　　　　　1-20-6, Mukougaoka, Bunkyo-ku, Tokyo, 113-0023, Japan
　　　　　E-mail : tk203444@fsinet.or.jp　http://www.toshindo-pub.com

ISBN978-4-7989-1238-7　C3037　　Copyright Ⓒ OTOKUNI, Minoru

東信堂

子ども・若者の自己形成空間——教育人間学の視線から	高橋勝編著	二七〇〇円
君は自分と通話できるケータイを持っているか——「現代の諸課題と学校教育」講義	小西正雄	二〇〇〇円
教育文化人間論——知の逍遥／論の越境	小西正雄	二四〇〇円
グローバルな学びへ——協同と刷新の教育	田中智志編著	二〇〇〇円
教育の共生体へ——ボディ・エデュケーショナルの思想圏	田中智志編	三五〇〇円
人格形成概念の誕生——近代アメリカの教育概念史	田中智志	三六〇〇円
社会性概念の構築——アメリカ進歩主義教育の概念史	田中智志	三八〇〇円
教育の自治・分権と学校法制	結城忠	四六〇〇円
教育による社会的正義の実現——アメリカの挑戦（1945-1980）	D.ラヴィッチ著 末藤美津子訳	五六〇〇円
学校改革抗争の100年——20世紀アメリカ教育史	D.ラヴィッチ著 末藤・宮本・佐藤訳	六四〇〇円
教育における国家原理と市場原理——チリ現代教育政策史に関する研究	斉藤泰雄	三八〇〇円
ヨーロッパ近代教育の葛藤——地球社会の求める教育システムへ	関田美啓子編	三二〇〇円
教育改革の求める教育システムへ	太田美幸	三二〇〇円
ミッション・スクールと戦争——立教学院のディレンマ	前田一男編	五八〇〇円
多元的宗教教育の成立過程——アメリカ教育と成瀬仁蔵の「帰一」の教育	大森秀子	三六〇〇円
演劇教育の理論と実践の研究——自由ヴァルドルフ学校の演劇教育	広瀬綾子	三八〇〇円
教育の平等と正義	K.ハウ著 大桃敏行・中村雅子・後藤武俊訳	三二〇〇円
保育原理——保育士と幼稚園教諭を志す人に	乙訓稔監修	二二〇〇円
幼稚園と小学校の教育【改訂版】	乙訓稔編著	二二〇〇円
日本現代初等教育思想の群像	乙訓稔	二五〇〇円
西洋近代幼児教育思想史【第二版】——コメニウスからフレーベル	乙訓稔	二三〇〇円
西洋現代幼児教育思想史——デューイからコルチャック	乙訓稔	二三〇〇円

〒113-0023 東京都文京区向丘1-20-6 TEL 03-3818-5521 FAX03-3818-5514 振替 00110-6-37828
Email tk203444@fsinet.or.jp URL:http://www.toshindo-pub.com/

※定価：表示価格（本体）＋税